광복80년 : 한국을 만든 교육정책

우리가 몰랐던 50가지 교육정책이야기

본 책자의 주요 내용은 저자 개인의 경험과 참고된 관련 자료에 근거하여 작성된바 장별 내용에 대한 다른 이견이 존재할 수 있다고 생각하며, 향후 이러한 다양한 의견을 받아 보완해 나가겠음을 알려드립니다

(주의) 본 책자내 대부분의 그림은 초상권 등을 고려해 최대한 기존 이미지를 챗GPT(ChatGPT)4o 등을 활용해 재 형상화했음을 알려드립니다.

추천의 글

이종재

서울대학교 명예교수, 前 한국교육개발원장

『광복 80년: 한국을 만든 교육정책, 우리가 몰랐던 50가지 이야기』는 광복 이후 한국교육이 어떤 정책적 흐름을 거쳐 오늘에 이르렀는지를, 전문가가 아닌 일반 시민도 이해할 수 있도록 쉽게 설명한 교육 에세이다. 학술연구서나 이론적 분석이 아닌 만큼, 정책을 쉽게 풀어내려는 저자의 소통 지향적인 태도는 교육정책을 낯설게 느끼는 독자에게 오히려 더 친근하게 다가간다.

저자는 각 정책의 역사적 맥락과 정부의 의도를 성실하게 되살려, 교육의 외형적 성과뿐 아니라 그 이면의 사회적 의미와 정책적 철학까지 조망하려고 노력하였다. 특히 교육의 기회의 확대, 형평성과 그리고 그에 연결된 질적 향상을 위한 지속적인 노력까지 함께 조명하려 한 균형 있는 시각은 이 책의 중요한 미덕이라 할 수 있다.

눈에 띄는 또 하나의 장점은, 저자가 한국 교육정책의 성과를 국제적 시각에서 바라보려 한 노력이다. 아시아개발은행(Asian Development Bank)에 파견 근무한 동안 타국의 정책들과 비교하며 한국이 걸어온 독특한 경로와 그 안의 강점들을 찾고자 한 시도는, 한국교육정책에 대한 국제적 이해를 넓히는 데 크게 기여하고 있다. 교육의 국제 비교와 정책의 역사적 맥락화에 오랫동안 관심을 가져온 연구자로서, 이러한 한국 교육의 특수성과 보편성을 함께 짚으려는 저자의 자세에 깊은 공감을 느꼈다.

무엇보다 이 책은, 지금은 기성세대의 기억에서도 희미해져 가는 광복 이후의 교육정책들을 되살려 다음 세대와 공유하고자 한 진심 어린 시도다. 정책 하나하나를 시대의 흐름 속에서 되짚고, 그 안에 담긴 국가의 선택과 국민의 열망을 되살리려는 저자의 태도에서는 한국 교육에 대한 깊은 애정이 고스란히 전해진다.

이 책은 과거의 성취를 되돌아보는 동시에, 이제 우리가 마주한 새로운 교육과제에 대해 국가적 관심과 전략적 접근이 필요함을 조용히 일깨워준다. 다음 세대가 이 책을 통해 교육이 단지 학교의 문제가 아닌, 사회 전체의 진로를 결정하는 중요한 축임을 바라볼 수 있기를 기대한다.

추천의 글

김성열
경남대학교 명예석좌교수, 前 한국교육과정평가원 원장
前 한국교육학회장

　광복 80주년을 맞아 『광복 80년: 한국을 만든 교육정책, 우리가 몰랐던 50가지 이야기』가 세상에 나오게 된 것을 진심으로 기쁘게 생각합니다. 대한민국은 광복 이후, 한국전쟁이라는 깊은 상흔을 딛고 놀라운 속도로 경제 성장과 민주화를 동시에 이루어낸 세계사적 사례를 만들어 냈습니다. 그 모든 발전의 중심에는 언제나 '교육'이 자리하고 있었습니다. 이러한 교육에 대한 정책의 흐름을 학술적인 담론에서 벗어나 일반 독자들과 함께 나누고자 한 이 책의 기획은 매우 특별하고 뜻깊습니다.

　이 책은 유아교육에서 시작하여 초·중등교육, 대학 및 평생교육에 이르는 전반적인 교육정책이 어떠한 배경과 맥락에서 만들어지고 실행되었는지를 실증적 사례와 함께 쉽고도 생생하게 풀어내고 있습니다. 특히, 우리 교육정책을 국제적 맥락에서 조망하며, 세계적 변화와 한국 교육정책의 연계성을 짚어낸 부분은 독자들에게 신선한 통찰을 제공한다고 생각합니다. 나아가, 오늘의 우리 사회를 이끌어 가고 있는 기성세대의 삶과 경험이 교육정책과 어떻게 맞닿아 있는지를 입체적으로 조명하는 데서 교육정책 전문가로서 저자의 깊은 사유와 애정이 자연스럽게 전해집니다.

그간 한국 교육정책 연구는 주로 문제점에 대한 비판적 시각에 치우치는 경향이 있었습니다. 그로 인해 일반 독자들이 우리 교육정책을 부정적으로 받아들이게 된 측면도 없지 않았습니다. 그러나 이 책은 균형 잡힌 시각과 다양한 사례 제시를 통해 정책의 배경과 취지를 성실히 조명하고 있습니다. 그 과정에서 저자의 진정성 있는 애정과 깊은 통찰이 고스란히 드러납니다.

이제 한국 교육은 기회의 확대와 형평성 제고를 넘어, 학생 각자의 잠재력 개발과 다양성과 창의성, 미래 사회를 이끌 인재 양성을 동시에 추구해야 하는 시대적 요청 앞에 서 있습니다. 국가의 경쟁력 강화뿐 아니라 국민 개개인의 행복을 실현하는 것이 교육정책의 중요한 과제가 되고 있습니다. 그만큼 어느 때보다도 교육의 방향성에 대한 국가적 관심이 무엇보다 절실하게 요구되는 시점입니다.

이 책은 교육정책을 전공하는 이들에게는 연구의 소중한 출발점이 될 것이며, 일반 독자들에게는 대한민국 현대사의 성장 이면에 놓여 있던 교육정책에 대한 폭넓은 이해를 제공할 것이라 확신합니다. 저자의 오랜 연구와 한국 교육에 대한 애정이 오롯이 담긴 이 책의 출간을 진심으로 축하하며, 많은 독자가 이 책을 통해 한국 교육에 대한 새로운 시각과 깊이를 얻을 수 있기를 기대하면서 일독을 적극 권합니다.

들어가며

한국 교육은 해결해야 할 문제들이 많습니다. 치열한 입시 경쟁, 높은 사교육비, 청소년 자살률, 학교폭력, 교권침해, 높은 청년실업률 등 모두 해결이 필요한 사회 문제들입니다. 한국교육에 대한 다양한 비판을 접하면서, 우리 교육에 잘한 정책들은 없었나 하는 의문이 들었습니다. 교육을 바라보는 시선에 부정적인 시각이 대부분을 차지하는 것도 늘 마음 한 켠에 불편하게 남아 있었습니다. 수많은 교사와 행정가, 학부모님들이 애써온 노력에 대한 감사의 시선 또한 필요하다고 생각하게 되었습니다.

국내에서는 "교육은 잘하고 있다"는 말을 듣기 어렵지만, 국제사회에서는 한국 교육정책의 성과와 경험에 깊은 관심과 존중이 존재합니다. 전후 세계에서 가장 가난했던 나라 중 하나였던 한국은 신속하게 모든 아동에게 초등교육을 보장하며 사회적 평등의 기초를 마련했고, 경제개발계획과 연계된 인재 양성과 교육 투자로 산업 구조를 혁신하며, 지식 기반 국가로 전환하는 데 기여했다고 평가받습니다.

오늘날 한국의 대학은 산업과 협력하고, 지역 발전의 중심적 역할을 하고 있으며, 학생들은 창업과 사회혁신에 도전하고 있습니다. 다양한 학교 밖 학업의 기회들이 마련되어 있습니다. 특히 대학 등록금이 무료는 아니지만 희망하는 사람 누구나 대학 교육까지 받을 수 있는 국가입니다.

PISA 국제학업성취도 평가에서 한국 학생들은 인지능력뿐 아니라 문제해결력과 창의성 면에서도 상위권을 유지하고 있으며, IMD 세계경쟁력 평가 교육 분야는 19위로 점차 향상되고 있습니다. 교사에 대한 권위가 약화되었다는 우려가 있지만 아직은 상위권 학생들이 교사직을 선호하며 우수한 교사 인력을 보유하고 있습니다. 2024년 QS 세계대학평가 100위 안에 5개 이상 대학이 포함된 나라는 전 세계적으로 6개국에 불과한데 한국도 그 안에 포함됩니다.

올해는 광복 80주년을 맞는 해입니다. 80년 동안 참으로 많은 교육정책들이 있었습니다. 어떤 정책들은 실패했지만 어떤 정책들은 성공했습니다. 당시에는 실패한 정책으로, 무리한 정책으로 평가받았는데, 나중에 보니 필요한 정책들도 있었고, 의도하지 않았거나 예상치 못한 결과를 가져온 정책도 있었습니다.

교육기회를 전국민에게 확대하고 교육을 통한 사회이동성을 높이는 일에 성공했다고 평가받기도 하지만, 이는 또 학벌과, 출신대학, 직업에 대한 편견, 경쟁에서 실패한 대다수의 사람들이 가지게 되는 패배의식 등, 하나의 성공이 새로운 문제를 만들었다는 사실도 받아들여야합니다. 이 책은 이러한 교육정책을 둘러싼 복잡한 심경과 논쟁을 잠시 잊고 광복 이후 80년 동안 한국사회에 영향을 주었다고 생각되고, 한국사회의 발전에 관심이 있는 국가에 참고가 될 수 있다고 생각되는 50개의 교육정책을 소개한 글입니다.

이 책에서 다룬 주제들은 제가 국제기구에서 근무하며 외국 동료들과 나눈 대화에서 아이디어를 얻었습니다. 그 친구들과 토론하고 그 질문들에 답하려다 보니 오히려 제가 더 많이 배우고, 잊고 지냈던 정책들과 사람들의 노력을 다시 바라보게 되었습니다. 우리는 당연히 생각했던 혜택들이 전세계적으로도 당연한 것은 아니라는 것을 깨닫게 되었고, 우리 제도에 자부심을 가질만 한 것들이 많다는 점을 깨닫게 되었습니다. 우리의 과거와 비교하였을 때 지금의 우리는 참 많은 것을 가지고 있습니다.

이런 주제를 제가 다룰 수 있을까 하고 망설였지만, 한국의 교육을 좀 더 넓은 시각에서 바라보는 일에 동참하고 싶다는 생각에 이렇게 무모한 도전을 해보기로 하였습니다. 올해가 광복 80주년이 되는 것도 옛날의 정책들을 살펴볼 수 있는 귀중한 모멘텀이 될 수 있다고 생각했습니다. 올해 광복은 우리가 과거로부터 걸어온 길을 돌아보며 현재에 대한 감사와 함께 앞으로의 길을 긍정적으로 찾아 나갔으면 하는 바람입니다.

교육을 공부하는 학생들과, 국제개발협력을 꿈꾸는 청년들, 그리고 정책을 현장에서 실현해온 분들과 과거의 어려웠을 때 이야기를 함께 나누고 싶습니다. 한국 정부의 정책이 국민의 눈높이에 만족스럽지는 못했더라도 국제적인 시각에서 보면 어려운 살림에도 다른 어느 나라보다 열심히 교육기회 확대와 질 향상을 위해 노력해 왔다는 것은 인정해 줄 수 있지 않을까 생각해 봅니다.

교육이라는 말은 참 아름답습니다. 항상 상대방의 성장과 성공을 격려해 주는 말을 할 수 있는 곳이고, 실패를 감싸안고 새로운 도전을 하도록, 또 어떤 과정에서도 삶이 행복할 수 있음을 일깨워 줄 수 있는 행위입니다. 한국인에게 교육은 공기와 같은 존재이지 않을까 생각됩니다. 없을 때는 생존을 유지하기 위해 절박하지만, 있을 때는 존재의 가치를 잊기 쉬운 존재처럼 말입니다.

교육현장에서 힘들어하는 아이들이 점점 더 많아지고 있는 것이 현실이라 이제는 기성세대로서 너무 미안한 마음이 큽니다. 극한 입시경쟁에서도 친구들과 깔깔 웃음을 멈추지 못하는 우리 청소년들을 볼 때 더 미안하고, 좀 더 자유롭고 더 미래지향적이고 더 재미있는 교육을 선물하고 싶다는 생각을 하게 됩니다. 이제는 상대적으로 넉넉한 선진국의 국민으로 태어난 우리 학생들에게 맞는 교육을 제공하기 위해 기성세대가 가지고 있는 성공에 대한 기대나 생각들을 먼저 바꾸어야 할 것 같습니다. 한국의 미래세대들이 무한한 자신감과 국가에 대한 자부심으로 용감하게 세계로 많이 진출하게 되기를 기원합니다.

이 책이 세상에 나오기 전, 원고를 기꺼이 읽어주시고 귀중한 조언을 아끼지 않으신 교육학계의 거장이신 이종재 교수님과 김성열 교수님께 깊이 감사드립니다. 부족한 원고에 과분한 추천의 말씀은 저에게 너무나 큰 영광입니다. 또한 어려운 살림에도 저의 배움과 성장을 가능하게 해주신 부모님께, 늘 응원해주고 지원해준 사랑하는 가족들에게 감사합니다. 저보다 더 큰 꿈을 꾸게해주신 은사님들께, 그리고 교육을 통해 오늘의 저를 만들어 준 대한민국에 진심 어린 감사의 인사를 드립니다.

고맙습니다, 대한민국.

차 례

추천의 글 · 3
들어가며 · 7

01 초등의무교육: 의무인가, 권리인가? · 19
02 사립학교 정책: 토지개혁과 중등교육기회 확대 · 24
03 미네소타 프로젝트와 서울대 발전: 인적자원에 먼저 투자! · 28
04 해외 유학: Brain Drain or Brain Gain · 33
05 교과서정책: 표준화된 지식 · 38
06 중등교육 보편화 및 평준화: 기회확대 및 다양화 · 42
07 교원자격 일원화 및 순환근무제: 전국 어디든 우수교사가 · 48
08 주경야독(晝耕夜讀) 산업체 부설학교: 대통령 할아버지, 공부하고 싶어요! · 52
09 직업계고 육성: 직업계고를 졸업한 대통령 · 57
10 국립대학 특성화: 경제성장 기여 및 지역교육기회 확대 · 63
11 과학교육정책: 과학자가 되고 싶어요. · 67
12 한국형 대학입시: 대학 본고사금지, 고교내신 상대평가 · 71
13 졸업정원제의 명암: 입학은 쉽게, 졸업은 어렵게 · 75
14 저소득층 대학장학금 확대: 과외금지 나비효과 · 80
15 안정적 교육재정 확보: 교육세, 지방재정 교부금 · 84
16 아시아 최초 방송통신대학교: 고등교육기회 확대 · 87
17 한명의 인재가 나라를 먹여 살린다: 영재교육 · 90
18 전문대학 제도의 발전: 학위보다 취업이 중요해 · 94
19 초등교원 양성시스템 개편: 우수교사 확보 · 97
20 5.31 교육개혁: 공급자 중심에서 수요자 중심 교육으로 · 101
21 대학설립 준칙주의, 대학정원 자율화: 시장원리의 한계 · 105
22 학교용지 부담금: 아파트 옆 학교는 누가 짓는가? · 109
23 대학재정 지원: 평가 기반 재정지원 시작 · 112

24	대학수학능력시험: 진실로 공정한 시험인가? · 115	
25	Brain Korea 21: 고등교육 혁신의 시작 · 119	
26	교육정보화: 세계에서 가장 컴퓨터를 잘 사용하는 국민 · 123	
27	3불(不) 정책: 왜 신입생 선발을 국가가 간섭하는가? · 128	
28	학점은행제: 대학에 가지 않아도 4년제 학위를 · 132	
29	산학협력 정책의 전개: 대학과 산업을 연결 · 137	
30	Study in Korea: 이제 유학생이 오는 나라로 · 141	
31	교육복지투자우선지역 지원사업: 온 마을이 필요해 · 146	
32	법학전문대학원: 강력한 사회적 반대를 무릅쓰고 · 149	
33	방과후 학교: 사교육 수요를 흡수 · 153	
34	한국장학재단: 돈없어 대학 못가는 일은 없도록 · 158	
35	신성장동력 인재양성: 반도체 이후 국가 먹거리를 찾아서 · 162	
36	학교급식: 급식시간이 제일 좋아요 · 166	
37	마이스터고: 취업률 100% 대통령표 직업교육 · 170	
38	국가 수준 학업성취도 평가: 양날의 검 · 174	
39	World Class University 만들기: 고등교육 국제화 · 178	
40	유아교육의 공공성 강화: 이젠 유아기가 결정한다 · 182	
41	외국교육기관 국내설립인가: 한국에 외국대학이 있다고요? · 186	
42	자유학기제 도입: 이제는 행복한 교육으로 · 190	
43	창업교육의 정착: 아직 창업하기엔 이른 대학생? · 194	
44	대학 구조조정과 PRIME사업: 재정지원을 구조개혁과 연계 · 199	
45	세계시민교육: 국제사회에서의 책임 · 203	
46	청렴문화의 정착: 스승의 날 선물하면 안되나요? · 208	
47	첨단분야 혁신융합대학: 디지털을 통해 대학간 경계를 허물기 · 212	
48	고등학교 무상교육: 우리도 이제는 · 216	
49	AI 활용교육: AI와 친해져야 · 220	
50	한국의 교육원조(ODA:Official Develpment Assistance): 이제는 나누는 나라로 · 222	

나가며 · 226

그림 목차

그림 1   초기 교육법 8조 원본 · 20

그림 2   1970년대 초등학교 입학식 · 21

그림 3   우리나라 최초의 사립학교인 원산학사 모습 · 26

그림 4   한국 경제원조에 의한 서울대 미국 미네소타대학에 체결시 단체 사진 촬영 · 30

그림 5   서울대학교 종합캠퍼스 기공식 · 31

그림 6   우리나라 최초 미국 사절단(보빙사(報聘使)) 일행(1883년) · 35

그림 7   1954년 서울 대방동에 유네스코가 국제연합한국재건단(UNKRA운크라)와 공동으로 건설한 '국정교과서 인쇄공장' 준공식 · 40

그림 8   일명 뺑뺑이(수동식 배정 장치)를 통한 중학교 무시험추첨 모습 (1970) · 45

그림 9   울릉도에서 40년간 가르친 선생님 기사 · 50

그림 10   1970년대 봉제공장에서 일하던 여공의 모습 · 53

그림 11   국제기능올림픽대회 우승자 카퍼레이드 기사(1977) · 58

그림 12   울산 현대조선소 선박 제작소 건설현장 방문사진 · 60

그림 13   지역대학 특성화 계획 확정 기사 · 65

그림 14   원자력연구원 전경(1960) · 68

그림 15   한국과학기술원 현판식(1981) · 70

그림 16   교육 3불(不)정책 시행에 대한 찬반입장 · 73

그림 17   대입본고사 폐지 및 졸업정원제 실시관련 언론기사 · 77

그림 18   대학 장학금 수여의 문이 넓어졌다는 신문기사(1981) · 82

그림 19   1972년 3월 서울대 부설 한국방송통신대학 개교 · 88

그림 20   세종에 위치한 세종과학예술영재학교 학생들의 실험 모습 · 92
그림 21   전문대학교에서 요식업을 전공하는 학생들의 수업모습 · 96
그림 22   전쟁중 천막학교 · 99
그림 23   김영삼 대통령 교육개혁위원회회의주재(1997) 및 교육개혁방안 · 102
그림 24   제1차 대통령 보고자료 신한국 창조를 위한 교육개혁의 방향과 과제 · 107
그림 25   1970년대 반포지구 남서울아파트(현 반포아파트) 모습 · 111
그림 26   수능시험당일 자녀들의 시험을 기원하는 학부모의 모습 · 117
그림 27   2017년 BK21 플러스 우수연구인력 표창 시상식 모습 · 121
그림 28   초등학교 열린교육 중 컴퓨터 수업(1998) · 125
그림 29   2001.6.7 미래학자 앨빈 토플러(Alvin Toffler) 박사와 오찬을 함께 하며 우리나라의 정보화 등에 대해 의견을 나누는 김대중대통령 · 126
그림 30   서울 교총에서 개최된 "3불정책 타당한가? 부당한가?" 토론회(2007.4) 모습 · 130
그림 31   학점은행제(Credit Bank System)과 평생교육(Lifelong Learning) · 134
그림 32   국내 대학과 반도체업체간 반도체계약학과 설립 MOU체결 장면 · 139
그림 33   Study Korea 학생들의 연말 행사 파티 모습 · 143
그림 34   2024 한국유학박람회, 스리랑카 · 144
그림 35   교육복지우선지원사업 모습 · 147
그림 36   서울대 근대법학교육 백주년기념관에서 열린 2024년 법학전문대학원 학위수여식 모습 · 151
그림 37   노무현 대통령 주재 방과후 학교확산을 위한 교육감교육장과의 열린 대화(2006) · 154
그림 38   방과후 학교 활동으로 바이올린을 배우는 모습(2013) · 155
그림 39   2015년 이전한 한국장학재단 대구 본청 전경 · 160

그림 40	이명박 대통령 주재 제29회 국가과학기술위원회와 제3회 미래기획위원회 합동회의(2009) · 163
그림 41	문교부(현 교육부)의 학급급식 시행지침(1975) · 167
그림 42	초등학교 급식 모습(2018) · 168
그림 43	이명박대통령이 참석한 제1회 마이스터고등학교 졸업식 · 172
그림 44	세계적 수준의 대학(WCU) 사업 소개 영문자료(교육부) 및 세계적 수준의 전문대학(WCC)대학 출범식 · 180
그림 45	유아 및 유치원 활동사진(1970년대) · 184
그림 46	송도 외국교육기관인 조지메이슨 대학 개교 10주년 기념행사 모습 · 188
그림 47	2017년 더케이호텔에서 열린 자유학기제 수업콘서트 개회식 및 연구대회 시상식 모습 · 191
그림 48	2016년 원광대학교에서 개최된 PRIME사업 출범식 · 201
그림 49	2024년 유네스코 아시아태평양 국제이해교육원(APCEIU)가 개최한 제9회 세계시민교육 국제회의 모습 · 205
그림 50	다문화 연관 아시아 국가와 교사 교류를 위한 10주년 기념 네트워킹 데이 모습 · 206
그림 51	1978년 학교에서 스승의날 학생들이 선생님에게 감사의 표시로 꽃을 전달하는 모습을 형상화 · 210
그림 52	2023년 첨단분야 혁신융합대학(COSS) 사업출범식 장면 · 213
그림 53	고등학교 무상교육 전면시행 모습 · 218
그림 54	교재로 썼던 초등학교 4학년 자연 교과서를 유네스코에 기증하고 있는 반기문 제8대 UN 사무총장 · 223
그림 55	CARE(Cooperative for American Relief Everywhere)원조로 우유급식을 받는 1959년 학교학생 모습 · 225

표 목차

표 1 초등교육취학률 비교 · 22
표 2 국내/국외 외국인 유학생 추이 현황 · 36
표 3 일반지원과 특별목적지원 비율 · 113
표 4 학점은행제 및 독학학위제 학위수여자 현황(2001~2023) · 135
표 5 교육단계별 및 소득수준별 학생 1인당 월평균 사교육비 · 157
표 6 2023년 대학별 창업기업 배출현황 · 195

네 시작은 미약하였으나 네 나중은 심히 창대하리라.
욥기8장 7절

01

초등의무교육:
의무인가, 권리인가?

　유네스코 데이터국 자료(2012)에 의하면 2010년, 세계는 마침내 초등학생 취학률 91%를 기록해 초등 보편교육을 실현했다. 국제 교육계는 한 국가의 초등학교 취학률이 90%를 넘을 때 이를 '보편교육 달성'으로 본다. 물론 아직도 일부 아프리카 지역의 경우 90%에 도달하지 못하고 있고, 특히 농촌지역이나 여아의 경우 초등교육조차 제공받지 못하는 비율이 더 높은 실정이다. 그렇다면, 한국은 이 기준을 언제 충족했을까?

　많은 이들이 간과하고 있지만, 한국은 이미 반세기 전인 1959년, 초등학교 취학률 95.9%를 기록하며 이 목표를 세계에서 선두 그룹으로 달성한 나라가 되었다. 이는 OECD 평균보다 빠른 수준이다. 당시 한국은 6·25 전쟁의 상흔이 채 가시지 않은 극빈국이었고, 1인당 국민소득은 60달러 남짓에 불과했다. 그런 상황에서 이루어진 교육 성취는 단순한 통계를 넘어서는 문명사적 전환이었다. 이는 단지 한 세대의 교육 성과가 아니라, 이후 한국 사회 전체를 변화시키는 역사적 기반이 되었다.

  1948년 제헌헌법은 초등의무교육의 시행을 명시했고, 이를 구체화한 1949년 교육법 제8조는 "모든 국민은 6년의 초등 교육을 받을 권리가 있다. 국가와 지방 공공단체는 초등교육을 위하여 필요한 학교를 설치 경영하여야 하며, 학령 아동의 친권자 또는 후견인은 보호하는 아동에게 초등교육을 받게 할 의무가 있다."고 규정하였다. 교육은 선택이 아닌 권리이자 국가와 부모가 반드시 실현해야 할 의무로 자리잡았다.

그림 1. 초기 교육법 8조 원본 (출처: 국가기록원)

  전쟁으로 인해 교육 정책은 한때 중단되었지만, 1953년 휴전 이후 정부는 1954년 다시 강력한 의지를 가지고 「초등의무교육 6개년 계획」을 수립하여 초등 의무교육 정책을 추진했다. 정부는 열악한 재정 여건 속에서도 국가 예산의 10% 이상을 교육에 투입했고, 그 중 70% 이상을 초등교육에 집중하였다. 이는 당시로서는 전 세계적으로도 독특한 사례였다.

지방세의 일정 비율을 교육에 할당하는 법령을 통해 재정의 안정성을 확보했으며, 미국을 비롯한 국제 사회의 원조는 교실 신축 등 인프라 확충에 효율적으로 사용되었다. 사범학교 설립을 통해 교사 양성에도 속도를 냈고, 사회지도층도 학교 건립과 교육재정 확보에 참여했다. 이렇듯 국가, 사회, 가정이 하나가 되어 만든 집단적 노력은 결국 1959년 취학률 95.9% 달성이라는 결실을 낳았다.

그림 2. 1970년대 초등학교 입학식 (출처: 국가기록원)

이 시기의 초등의무교육은 특히 여아 교육의 확대 측면에서 큰 의의를 지닌다. 유교적 전통 아래 여성 교육이 상대적으로 소홀했던 당시, 국가가 법적으로 교육을 모든 아동의 권리로 규정하면서 여아의 취학률도 비약적으로 상승했다. 실제로 1959년 한국의 여아 초등학교 취학률은 북미 지역에 이어 세계 두 번째로 높았다. 이는 이후 여성의 사회 진출과 성평등 의식 형성에도 중요한 토대를 제공했다.

표 1. 초등교육취학률 비교 (월드뱅크 2025년 자료를 근거로 저자작성)

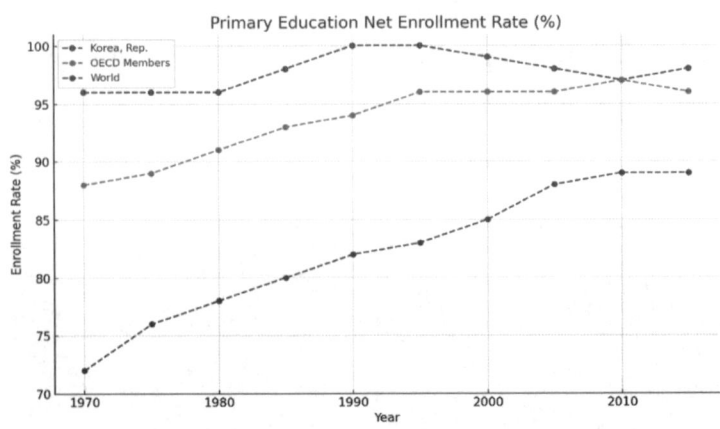

물론 당시 교육 현실은 매우 열악했다. 대부분의 학교는 과밀 학급이었고, 한 반에 70명 이상이 모여 앉아 2부제 또는 3부제로 수업을 들어야 했다. 천막이나 임시 건물에서 수업이 이뤄지는 경우도 많았다. 하지만 이런 열악함 속에서도 정부는 '모든 아동에게 교육 기회를 보장한다'는 원칙을 결코 포기하지 않았다. 오히려 그 원칙이야말로 열악한 현실을 극복해내는 동력이 되었다. 6.25 전쟁 중에도 교육은 멈추지 않고 지속되었다.

그 결과, 한국은 1960년대에 접어들며 급격한 문맹률 감소를 경험했다. 교육을 받은 세대는 곧바로 산업화의 핵심 인력으로 성장했고, 1970년대 이후 한국이 농업 중심 사회에서 제조업 중심의 산업국가로 전환할 수 있었던 근본적 힘은 바로 이 기초교육의 신속한 보편화에서 비롯된 것이라고 평가한다.

이후 수십 년에 걸쳐 이어진 중등교육과 고등교육의 확장, 교육 평준화 정책, 고등교육 기회의 확대 등은 모두 이 '기초교육의 혁명' 위에 쌓아 올려진 성과들이라고 생각한다. 세계가 2010년에야 비로소 달성한 목표를, 한국은 이미 1959년에 이루었다. 교육에 대한 철학과 집단적 의지가 이룬 성취였으며, 오늘날 한국이 자랑스러워할 만한 교육 유산임에 틀림없다.

광복 80년 : 한국을 만든 교육정책

02

사립학교 정책:
토지개혁과 중등교육기회 확대

한국의 교육체제를 특징짓는 요소 중 하나는 사립학교의 높은 비중이다. 초등학생의 약 10%, 중학생의 20%, 고등학생의 절반, 대학생의 80%가 사립학교나 사립대학에서 교육을 받고 있는 현실은 교육에 대해 국가가 공교육의 책임을 방기하였다는 비판을 받기도 한다. 한국에 사립학교가 많은 이유는 무엇이고 교육정책 추진에 어떠한 영향을 주고 있을까? 이러한 사립학교 중심구조에 대한 평가는 갈린다. 가난한 국가 재정하에서 사립학교가 참여하여 교육기회를 확대를 단기간에 달성할 수 있었다는 평가와 함께, 국가가 공교육제공의 책임을 포기함으로써 교육정책 추진에 근본적인 결함을 가지게 되었다는 평가이다.

1949년, 제1공화국 정부는 한국 사회의 근본 구조를 바꾸기 위한 핵심 정책으로 토지개혁을 단행했다. 정부는 '유상몰수·유상분배' 원칙에 따라 토지를 매수하여 소작농에게 분배하고, 지주제를 해체하려 했다. 이 과정에서 정부는 특별한 예외 규정을 두었다.

즉, 토지 소유자가 학교법인을 설립하고 교육기관을 운영할 계획이 있는 경우, 해당 토지를 몰수 대상에서 제외하겠다는 방침이었다. 이러한 제도 설계는 단순한 예외 조항이 아니라, 지주층이 소유 토지를 유지하는 대신 사립학교를 설립하도록 유도하는 실질적인 인센티브 역할을 했다.

당시는 전국적으로 교육 인프라가 매우 부족한 상황이었고, 국가 재정과 행정력도 제한적이었다. 이에 따라 정부는 사립 부문이 공교육을 보완하도록 유도함으로써 빠른 시일 내에 교육기회를 전국적으로 확산시키고자 했다. 실제로 많은 지주층과 사회 지도층 인사들이 사립 초등학교, 중학교, 고등학교 및 대학을 설립하면서, 한국의 교육 기관 수는 급격히 증가하게 되었다.

당시 세계 최빈국 중 하나였지만, 정부는 초등 의무교육 실시를 추진하였고, 사립학교 장려정책은 이를 실현하는 데 중요한 수단이 되었다. 초등교육 뿐만 아니라 중등교육의 보급에도 사립학교는 중심적인 역할을 수행했다. 당시 중학교의 경우 1970년까지 사립학교 비중이 50%까지 올랐으나, 정부의 투자확대에 따라 2010년 20%까지 줄어들었다.

고등교육 분야에서도 대학 진학률이 빠르게 상승했고, 이는 1960년대에 이르러 일부 선진국에 필적하는 수준으로까지 높아졌다. 그러나 당시 한국 경제의 생산 기반은 매우 취약했기 때문에, 고등교육을 받은 인구가 많아질수록 실업 문제나 사회적 불만이 커질 수밖에 없었다. 일부사학들의 비정상적인 운영과 맞물려 이러한 상황은 제3공화국 시기에 들어 대학 정원에 대한 국가 통제 정책을 정당화하는 배경으로 작용하였다.

그림 3. 우리나라 최초의 사립학교인 원산학사 모습
(출처: 국가유산청)

최근 세계은행(World Bank)과 아시아개발은행(Asian Development Bank) 등 국제기구들에서 공공-민간 협력(Public-Private Partnership, PPP)확대 방안은 저소득 국가의 교육기회 확대 방안으로서 주요한 방안 중의 하나이다. 이는 국가가 민간과 협력해 교육 인프라를 확충하고, 교육의 질을 높이며, 취약계층에게 교육 접근권을 보장하는 전략이다. 네덜란드의 경우 효율적인 기관 운영을 위해 공립학교를 사립기관에 위탁하여 운영하는 방식을 활용하고 있다. 이러한 관점에서 본다면, 한국은 1883년 최초로 설립된 사립학교인 원산학사를 제외하더라도 이미 80여 년 전부터 국가 주도로 민간 부문의 참여를 유도하고 활용한 국가사례라고도 할 수 있다.

그러나 사립학교의 증가는 사립학교의 부실 운영이나 비리, 규제 미비 등의 문제들을 다수 발생시켰다. 일부 사립학교는 이윤 추구에 집중하거나 교육의 질을 희생시키는 사례도 빈번했다. 이러한 부작용은 오늘날까지도 일부 영역에서 여전히 문제로 남아 있다.

완벽한 선택이 불가능한 상황에서 어떤 차선을 선택할지는 국가와 사회의 판단에 달려 있다. 한국은 1950년대의 열악한 여건 속에서도, 토지개혁이라는 구조적 변화를 사립학교 설립 유인으로 활용하여 교육기회를 대대적으로 확대하였고, 이는 결국 산업화와 민주화의 기초가 되는 인적자본을 길러내는 데 기여한 측면이 있다. 당시의 차선책을 오늘날 우리가 어떻게 평가할 수 있을지는 독자의 몫이다.

이와 같은 한국의 경험은 교육 기회를 확대하려는 오늘날 개발도상국들에게 각 국가의 실정에 부합하는 교육 기회 확대를 위한 전략을 수립하는데 참고사례가 될 수 있다. 정부가 정책 목표를 명확히 설정하고, 민간 자원을 전략적으로 동원하며, 제도적 장치를 통해 사적기관의 공공성과 형평성을 동시에 추구할 수 있다면, 사적 영역을 공공 목표 달성을 위한 수단으로 활용하는 것은 현실적이고 보완적인 정책이 될 수 있다. 다만, 교육이라는 공공재 영역에 민간 비중이 지나치게 높아질 경우 정책 집행의 한계나 사회적 비용이 발생할 수 있다는 점도 함께 고려되어야 할 것이다.

광복 80년 : 한국을 만든 교육정책

03

미네소타 프로젝트와 서울대 발전:
인적자원에 먼저 투자!

6.25 전쟁 직후 한국의 교육 현실은 말 그대로 폐허 상태였다. 전국의 학교 건물들은 대부분 파괴되었고, 전쟁 이전에 교육 예산이 정부 전체 예산의 약 11% 수준이었던 데 반해, 전후에는 그 비율이 2.6%까지 급감했다.(출처: 서울대 종합화 50주년 홈페이지) 특히 고등교육 기관은 기반 시설뿐 아니라 교수진, 교재, 연구환경 등 거의 모든 요소가 붕괴되었으며, 교육체계를 회복하기 위한 대대적인 지원이 절실한 상황이었다.

폐허가 된 대학시설을 복귀하기 위해 정부는 1954년 미국으로부터 원조자금을 받게 되었는데, 당시 서울대학교 총장은 미국의 원조 자금을 전국적으로 분산하기보다는, 국가 재건과 미래 지도자 양성을 위해 서울대학교에 집중 지원하는 방안을 정부에 제안했다. 이 제안은 정부의 동의를 얻어 추진되었고, 1954년부터 본격적으로 '미네소타 프로젝트'라는 이름 아래 미국의 미네소타 대학교와의 협력 프로그램이 시작되었다. 이 프로그램은 미국 국제

협력청(ICA, International Cooperation Administration: 現 국제개발청(USAID))의 재정 지원을 받아 이루어진 서울대학교와 미네소타대학교 간의 협력으로, 당시 미국이 전 세계 77개국에 제공하던 대학 협력 프로그램 중 가장 성공한 사례로 평가받는다.

 미네소타 프로젝트를 통해 서울대는 약 천만 달러 규모의 지원을 받게 되었으며, 이 중 348만달러 기술 원조, 267만달러는 시설 원조로 구성되었다. 특히 기술 원조의 비중이 높았다는 점은 매우 특징적이다. 이 자금으로 서울대학교의 교수 218명이 미네소타대학교에서 연수를 받았고, 그중 15명이 박사학위, 71명이 석사학위를 취득하였다. 단순한 해외 견학이나 단기 연수가 아닌, 체계적인 고등교육을 통해 전문성을 기른 인재들이 서울대로 복귀해 교육과 연구의 중심이 되었고, 이후 한국의 산업화와 과학기술 발전의 기반을 구축하는 데 결정적인 역할을 하게 되었다.

 대부분의 개발도상국은 원조를 받을 때 건물이나 장비 등 시설 투자에 자금을 집중하는 경향이 강하다. 이에 비해 한국은 인재 양성이라는 보다 장기적인 관점에서 기술 인력에 대한 교육과 훈련에 자금을 아끼지 않았다. 서울대학교뿐 아니라, 당시 다른 국립기관 및 대학들도 미국 원조 자금을 통해 교수 및 공무원, 연구원들을 해외에 연수 보냈다는 다양한 보고서들이 이를 뒷받침한다. 실제로 제1공화국 시기 약 2만 명에 이르는 학생, 공무원, 연구자들이 해외에서 학업과 연수를 수행한 것으로 알려져 있으며, 이는 국가 차원에서 인적 자본 형성을 핵심 전략으로 삼았음을 보여준다.

당시 한국은 공학, 의학 등 현대 산업사회를 지탱하는 주요 분야에서 거의 아무런 교육 기반도 갖추지 못한 상태였다. 그러나 정부는 이들 분야에 대한 집중적인 예산 투자를 통해 사람에 먼저 투자하는 전략을 택했다. 그리고 이 결정은 1960~70년대 한국이 농업 중심의 사회에서 공업국가로 도약하는 데 필요한 핵심 인재들을 확보하는 데 크게 기여하였다. 오늘날 한국이 세계적인 반도체, 바이오, 인공지능 분야에서 경쟁력을 갖춘 국가로 성장한 배경에는, 이처럼 교육을 통한 인재 양성에 대한 일관된 철학이 자리 잡고 있다.

그림 4. 한국 경제원조에 의한 서울대 미국 미네소타대학에 체결시 단체 사진촬영
(출처: 서울대학교 50년사 홈페이지)

한편 미국의 원조프로그램 수혜가 특정대학에 집중됨으로써 국내 다른 대학의 균형발전에 어려움을 가져왔고, 지원분야에서도

실용적인 분야에 집중되어 기초과학분야에 대한 지원은 기대에 미치지 못했다는 평가가 있음도 주지의 사실이다.

미네소타프로젝트로 우수한 교수인력과 교육과정 선진화의 기반을 조성한 서울대는 세계적인 대학으로 도약하기 위한 종합캠퍼스 부지를 확보한다. 1970년 초까지 서울대는 서울과 경기 일대에 10개 캠퍼스에 분산되어 있었다. 이는 장소의 문제에 그치지 않고 대학발전에 구조적인 한계로 작용하였다. 단과대 집중계획을 모색하는 과정에서, 서울대학교를 세계적 수준의 대학으로 끌어올리기 위해 1968년 6월 현재의 관악캠퍼스에 종합대학을 설립한다는 방향을 확정하게 된다. 이후 1971년 공사를 시작하여 1974년부터 이주를 시작하였고 세계적인 대학을 만들어 가기 위한 물적기반을 확보하게 되었다.

그림 5. 서울대학교 종합캠퍼스 기공식
(출처: 서울대학교 60년사)

2009년, 대한민국은 경제협력개발기구(OECD) 개발원조위원회(DAC)에 정식 가입하면서, 세계에서 유일하게 원조 수혜국에서 공여국으로 전환한 국가가 되었다. 이는 단순한 지위 변화가 아니라, 국제사회로부터 받은 도움에 보답하고자 하는 윤리적 책무와 실천의 상징이다. 특히 최근에는 과거 한국이 경험했던 것처럼, 국제협력선도대학이라는 사업으로 한국의 대학이 개발도상국 대학의 교육과정개발, 교원연수 등을 지원하는 다양한 교육 협력 프로그램이 활발히 이루어지고 있다. 과거에 원조를 받아 교육을 받았던 학생들이 이제는 교수로 성장하여, 제2, 제3의 한국과 같은 국가의 청년들을 가르치고 있는 현실은 정말 뿌듯하고 감동적인 일임에 틀림없다.

　서울대학교 미네소타 프로젝트는 단지 하나의 교육협력 프로그램으로 그치지 않았다. 그것은 한 나라가 전쟁의 폐허 속에서도 인재 양성을 통해 미래를 준비하고, 수십 년 후에는 자신이 받은 도움을 다시 나누는 순환의 구조를 만든 상징적 모델이 되었다. 오늘날 서울대학교는 세계대학평가(QS)에서 30위권에 자리하고 있으며, 협력 대상이었던 미네소타대학보다도 더 높은 평가를 받고 있다. 이는 성과가 더디고 단기적인 성과가 눈에 보이지 않더라도 교육에 대한 투자야말로 국가의 미래를 결정짓는 가장 강력한 투자임을 보여주는 사례로 언급되고 있다.

광복 80년 : 한국을 만든 교육정책

04

해외 유학:
Brain Drain or Brain Gain

한국의 해외 유학 정책은 국가의 발전과 국제 경쟁력 확보라는 시대적 과제와 함께 진화해 왔다. 해방 이후인 1949년, 한국인 유학생 35명이 미국으로 건너간 것이 해방 후 한국유학의 출발점이라고 할 수 있다. 이들 중 13명이 학업을 마치고 돌아와 국가기관 등에서 일하게 된다.

해방직후 나라건설을 위해 가장 필요한 것으로 신지식과 기술을 갖춘 인재양성의 문제가 가장 중요한 과제로 대두되었다. 1950~60년대, 한국은 매우 열악한 경제 여건 속에서도 미국과 독일 등의 선진국에 유학생과 연수생을 파견했다. 당시 2만여 명에 달하는 학자와 대학원생들이 선진 문물을 배우기 위해 파견되었고, 이들은 훗날 귀국하여 1960년대 경제개발계획을 주도하는 핵심 인력으로 활동하게 된다. 특히, 자비 유학생도 일정 수준의 학업능력을 갖추어야 만 출국이 가능하도록 관련 법령을 정비하는 등, 유학정책은 체계적인 방향성을 띠기 시작했다.

분야에 있어서는 기계공학과 과학분야의 인재가 필요함을 강조하였고, 자연과학 분야의 해외유학 인정자는 징집대상자라도 출국을 허용할 정도로 권장하였다. 특히 원자력분야의 유학생파견에 신경을 많이 썼고, 1959년 원자력연구소 설립시까지 모두 150명이 선발되어 미국 국제협력처(USAID)의 자금으로 원자력에너지 기초과학, 방사성동위원소 등을 공부하였다.

1,2공화국시기에 해외로 출국한 유학생수는 5,000명에 달한 것으로 확인되고 이 중 10%만의 인재들만 귀국하고 나머지 인재들은 학업을 마치고 해외체류를 선택함으로써 인재 유실이라는 비판을 받기도 하였다. 정부에서는 유학을 마치고 돌아오는 학생의 직업을 연계하고, 우수 졸업자의 초청을 적극 추진하였으나 성과는 미진하였다.

이러한 1,2 공화국의 인재유치 방침은 이후 1970년대 해외유학을 억제하고, 해외에 있는 한국인 학자들을 국내로 불러들이는 정책에서 보다 본격화되었다. 대표적인 예가 한국과학기술원(KIST)의 설립 과정으로, 당시 연구원에게는 서울대 교수의 3배에 해당하는 파격적인 보수가 지급되었다. 이는 대통령보다 높은 보수였으나, 미국의 처우에 비하면 여전히 30% 수준이었다. 그럼에도 불구하고 정부는 이들을 설득했고, 결과적으로 '브레인 드레인 Brain Drain'을 '브레인 게인 Brain Gain'으로 전환하는 데 성공했다.

1980년대에는 해외여행 자유화와 함께 해외유학 규제가 완화되었다. 특히 미국으로 유학한 인재들은 귀국 후 삼성, LG, 현대 등 글로벌 기업에서 핵심 역할을 수행하게 되었다. 2000년대 초반까지 서울대학교는 학사졸업자 기준 미국에서 박사학위를 가장 많이 배출한 비미국 해외대학으로 꼽힌다. 이후 이 순위는 중국과 인도 학생들로 넘어가게 된다. 그러나 증가하는 해외유학은 유학수지를 악화시키는 결과로 이어졌다. 또한 조기유학 수요의 증가로 '기러기 아빠' 현상이 사회문제로 대두되었고, 이에 따라 정부는 제주영어교육도시와 국제학교 설립 등을 통해 국내에서의 대안적 교육환경을 제공하고자 했다.

그림 6. 우리나라 최초 미국 사절단(보빙사(報聘使)) 일행(1883년)
(출처: 한국학중앙연구원)

이와 동시에 한국의 고등교육 기관들이 국제 경쟁력을 갖추기 시작하고 학령인구감소 예측에 대응하기 위한 대학들의 적극적인 유학생 유치정책으로, 한국으로 오는 외국인 유학생 수도 빠르게 증가했다. 2000년대 초반까지는 해외로 나가는 학생 수(아웃바운드)가 월등히 많았지만, 2022년을 기점으로 들어오는 유학생 수(인바운드)가 이를 추월하였다. 최근 한국교육개발원 통계에 따르면 2024년 기준 한국의 외국인 유학생 수는 208,962명이며, 해외로 나간 한국인 유학생 수는 약 176,000명이다. 이는 한국이 순수 '유학수지 흑자국'이 되었음을 의미한다.

표 2. 국내/국외 외국인 유학생 추이 현황

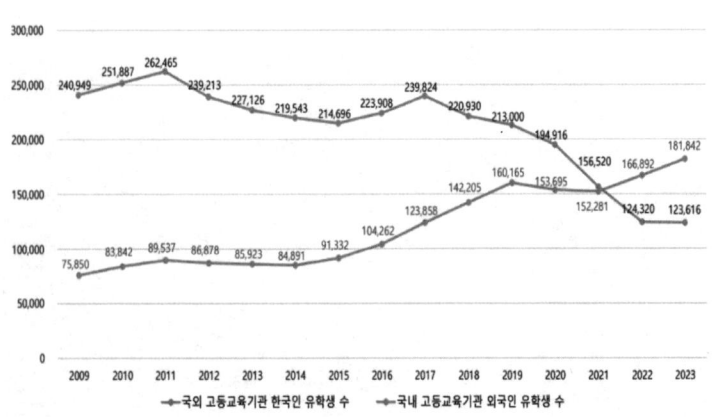

(출처 : 교육부 홈페이지(국외 한국인 유학생), 한국교육개발원(국내외국인 유학생)를 근거로 재구성)

이러한 전환점은 한국의 유학정책이 단순한 인재 양성을 넘어 교육산업의 한 축으로 자리 잡고 있는 세계적 흐름에 한국도 진입하였음을 것을 보여준다. 유학은 더 이상 한쪽 방향의 흐름이 아니라, 글로벌 경쟁과 협력 속에서 인재가 자유롭게 이동하며 각 국가의 성장에 기여하는 복합적 현상이 되었다. 한국은 교육역량이 부족할 당시 유학을 통해 인재를 키우고, 또 이들을 다시 불러들이며 국가적 자산으로 활용한 대표적인 성공 사례라 할 수 있다.

최근 교육부는 유네스코 주도의 고등교육분야 학위인정에 관한 글로벌협약을 비준함으로써(2025.7.14효력발생), 우리나라의 학위에 대한 등가성에 대한 홍보가 확대될 것으로 현재 아시아권 위주의 유학생 유치 및 교류가 유럽과 아프리카로 확산될 것으로 기대하고 있다.

앞으로도 한국은 유학생 유치와 국내학생들의 국제화역량 강화를 위한 프로그램 활성화라는 이중 정책을 균형 있게 운영함으로써, 국제적 교육 허브로서의 위상을 공고히 할 필요가 있다. 특히, 단순한 양적 성장보다는 글로벌 인재가 한국을 미래의 교육 파트너로 신뢰하고 선택할 수 있도록 교육의 질을 높이고 교육의 국제적 협력, 교류, 개방 정도를 측정하는 지표인 교육 국제화지수를 높여 나가야 한다.

광복 80년 : 한국을 만든 교육정책
05

교과서정책:
표준화된 지식

　대한민국에서 교과서는 단순한 수업 보조자료를 넘어, 오랜 시간 국민 교육의 중심축이었다. 모든 학생이 동일한 교과서로 공부하는 경험은 단일화된 지식 체계의 기초가 되었고, 교과서는 교육의 표준이자 평가의 기준이었다. 학기 초 새 교과서를 받던 설렘, 대학 입학 학력고사 수석자의 "교과서를 중심으로 공부했다"는 전형적인 인터뷰는 교과서가 한국 교육에서 얼마나 상징적인 존재인지를 보여준다.
　이처럼 중요한 교과서 정책은 1950년대 초 유네스코와 UNKRA(국제연합한국재건단)의 지원 아래 시작되었다. 1952년 교과서 인쇄공장이 설립되었고, 1954년 제1차 교육과정의 발표와 함께 1955년부터 본격적인 교과서 편찬이 이루어졌다. 이후 수차례 개정을 거치며 국정, 검정, 인정체계로 발전해 왔다. 현재 검정 교과서는 국가의 심의·검증의 절차를 밟아야 하고 교육부 장관의 최종 검증과 승인을 받아야 한다. 인정교과서는 민간이 개발하고 시도교육감의 최종 검증과 승인을 받아야 한다.

이러한 교과서 정책은 표준화된 지식을 효율적으로 전달하는 데 있어 성공을 거두었다. 전국의 학생들이 동일한 내용을 배우며 일정 수준의 교육의 질을 유지할 수 있었고, 의무교육 단계에서는 무상으로 제공되어 교육의 평등성과 기회균등을 실현하는 역할을 해왔다. 특히 한국이 개발도상국이었던 시기에, 교과서를 통한 지식 전달체계는 국민의 평균적인 학력 수준을 끌어올리는 데 기여하였다.

그리고 바로 이러한 교과서의 상징성과 영향력 때문에, 교육 외 다른 정부 부처에서도 사회 문제나 정책 과제를 국민에게 전달하기 위한 수단으로 교과서를 활용하고자 하는 요구도 많았다. 안전, 통일, 환경, 법률, 윤리 등 다양한 주제와 관련하여 '교과서에 포함해달라'는 요구가 잦았던 것으로 기억한다.

하지만 이러한 표준화의 성공은 동시에 새로운 문제를 낳았다. 교과서 중심 교육은 문제를 탐구하고 해석하는 힘보다 '정답을 맞히는 능력'을 우선시하게 만들었으며, 창의성과 비판적 사고를 가로막는 구조적 한계로 이어졌다. 학생들은 교과서에 있는 내용만이 중요하다고 여기고, 모든 문제에는 하나의 '정답'이 있다고 믿는 사고방식을 내면화한 측면이 있다. 지식은 암기하고 재생산하는 것이 되며, 다양한 해석과 탐구는 교실 밖으로 밀려나게 되었다. 학급당 학생수가 높은 환경도 한몫을 하였다.

그러나 지금은 더 이상 '정답을 맞히는 것'이 중요한 시대가 아니다. 빠르게 변화하는 지식기반사회에서 필요한 것은 질문을 던지고, 문제를 스스로 정의하며, 다양한 방식으로 해석하고 협업할 수 있는 역량이다. 교과서는 이제 정답을 전달하는 매체가 아니라, 정답을 찾아가는 과정 중심의 학습을 유도하는 도구가 되어야 한다.

그림 7. 1954년 서울 대방동에 유네스코가 국제연합한국재건단(UNKRA운크라)와 공동으로 건설한 '국정교과서 인쇄공장' 준공식 (출처: 한국 유네스코)

이러한 시대적 요구에 따라, 한국의 교과서 정책도 변화를 모색하고 있다. 교육부는 국정·검정도서의 인정화 비율을 늘리는 등 국가의 간섭을 줄이고 민간의 자율성과 다양성을 보장하는 방향으로 정책을 전환 중이다. 이는 교과서를 둘러싼 국가 중심의 폐쇄적 구조를 넘어, 현장과 민간의 창의성을 존중하는 '열린 교과서 정책'으로의 진화를 의미한다. 또한, 형식적인 면에서도 종이형태에서 디지털형태로 발전해 가고있다.

여전히 교과서는 중요한 역할을 하고 있다. 그러나 그 위상은 변화해야 한다. 교과서는 더 이상 지식을 주입하는 책이 아니라, 학생이 질문을 던지고 사고를 확장하는 출발점이 되어야 한다. 정답을 찾는 것보다, 정답을 찾아가는 방식과 태도를 가르치는 것이 더욱 중요한 시대다. 교과서가 정답에서 질문으로, 단일 지식에서 다원적 사고로 전환하는 것을 돕는 방법으로 사용될 시기이다.

광복 80년 : 한국을 만든 교육정책
06

중등교육 보편화 및 평준화:
기회확대 및 다양화

　세계 교육사의 흐름을 살펴보면, 중등교육에 대한 본격적인 관심은 비교적 늦게 나타났음을 알 수 있다. 많은 선진국에서 고등교육 체제가 먼저 정비되었고, 중등교육은 이러한 고등교육을 뒷받침하는 준비단계로 인식되었다. 이후 초등의무교육이 보편화되면서, 중등교육은 더 이상 고등교육을 위한 수단에 머무르지 않고, 초등교육과의 연계성을 강화하며 독립적인 교육 단계로 자리매김하게 되었다.

　한국의 경우, 이러한 흐름과는 다른 발전 경로를 보였다. 먼저 초등의무교육이 가장 우선적으로 추진되었으며, 이어 1970년대 중등교육 기회 확대가 이루어졌고, 이후 1980년대 중등교육 보편화를 달성하고 고등교육의 대중화와 질적 향상을 위한 투자가 뒤따랐다. 이러한 단계적이고 체계적인 교육 확대는 한국만의 특수한 정책 방향을 보여주는 사례로, 다른 나라들과의 차별성을 지닌다.

한국은 1989년 중등교육 취학률이 90%를 넘어 보편교육을 실현하게 되었다. 이는 OECD 국가 평균보다 앞선 성과이다. 현재 전세계적인 중등교육 취학율은 80% 이하 수준에 정체되어 있다. 남녀간, 도시 농촌간 격차도 매우 커 농어촌 지역의 경우 취학률이 50% 미만에 그치는 국가도 대다수이다. 디지털 시대와 4차 산업혁명시대에 청소년기의 교육은 국민 개개인이 일생을 살아가는 데 매우 중요한 사안이다. 적어도 전세계 모든 청소년에게 중등교육의 기회가 보장되도록 하는 세계 중등교육 보편화를 위한 정책이 보다 적극적으로 추진될 필요가 있다.

세계평균 수준이었던 중·고등학교 취학률을 1인당 국민소득이 2000불미만이었던 1980년 83%까지 올리고 3500불 수준이었던 1989년에 91%까지 보편교육을 달성했다는 사실은 세계 교육사에서 유일무이한 사례이다. 또한 정부의 교육투자가 농어촌 지역 등 교육여건이 좋지 않은 지역을 집중적으로 우선 지원하여 취학률을 높인 방향은 현재 많은 개발도상국이 도시와 농촌간의 급격한 취학률 차이를 보여주고 있는 측면에서 참고할 만한 정책이다.

한국 중등교육정책 가운데 가장 영향력이 있고 또한 급진적인 정책을 꼽자면 중·고등학교 평준화 정책이다. 이 정책은 학생의 학업 능력에 관계없이, 교육청이 정한 지역기준에 따라 무작위로 공립, 사립을 포함한 중학교와 고등학교에 배정하는 제도로, 자본주의 국가로서는 이례적으로 강력한 평등주의적 조치를 취한 사례다. 중·고등학교 평준화정책은 취학률 90%이상인 중등학교 보편화에 기여한 정책이기도 하다.

고등학교 다양화가 진행된 2000년대 이전까지 한국의 모든 사립학교는 학생을 자체적으로 선발할 수 없었으며, 공립학교와 마찬가지로 교육청이 배정한 학생을 그대로 받아들여야 했다. 국가지도자의 자녀, 재벌가 자녀, 그리고 저소득층 가정의 학생들이 같은 교실에서 수업을 듣는 환경은 세계적으로도 드문 형태이다

이러한 평준화 정책의 배경에는 1959년 초등의무교육의 달성이 있었다. 모든 아동이 초등학교에 다니게 되자. 더 나은 중학교에 보내기 위한 경쟁에 높아지게 되었고 초등학생부터 입시경쟁에 내몰리는 상황에 내몰리게 되었다. 정부는 이를 해결하고자 1969년 중학교 평준화를, 이어 1974년 고등학교 평준화를 도입했다. 서울을 시작으로 전국 주요 도시로 확대된 이 정책은 '명문 중학교, 명문 고등학교'라는 개념을 희석시키며, 학군에 따른 교육격차를 줄이고 사회구성원 간 교육 기회를 평등하게 만드는 데 기여했다.

중학교 입시폐지와 관련해서는 입시개혁을 발동하게 된 무즙파동이라는 유명한 일화가 있다. 1964년 12월 실시된 서울 시내 전기 중학교 입시에서 무즙과 관련된 복수정답을 인정할 것이지에 대한 일화이다. 자연과목 선다형문제로 엿을 만드는 순서를 차례로 적어 놓은 후, 세번째 과정에서 엿기름 대신 넣어도 좋은 것은 무엇인지를 물으며 4개의 답을 제시하였다.

답은 1번 디아스타제였으나, 당시 교과서에 침과 무즙에도 디아스타제 성분이 들어있다는 내용이 있어서 4번 무즙을 선택한 학부모들이 항의를 하였다. 당시 서울시 교육감은 만약 무즙으로 엿

을 만들어 온다면 해당문제로 떨어진 학생들을 구제하겠다고 했고, 이에 학부모들이 끝내 무즙으로 엿을 만들어 합격을 받아낸 사건이다. 이 논란을 거치며 중학교 입시경쟁의 문제점이 사회문제로 대두되었고, 1968년 정부는 중학교 무시험제도 시행을 결정하게 되었다.

그림 8. 일명 뺑뺑이(수동식 배정 장치)를 통한 중학교 무시험추첨 모습(1970)
(출처: 매일신문)

그러나 평준화 정책은 사학의 자율성을 침해한다는 비판이 꾸준히 제기되었고, 수준 차이가 큰 학생들을 같은 교실에서 교육하는 것이 비효과적이라는 교육학적 반론도 제기되었다. 교육여건의 평준화를 목표로 하였으나, 특정지역 경제수준의 차이에 따른 학군선호 현상이 존재하였다. 하지만 당시 대부분의 학부모와 학생들은 평등한 교육 기회를 보장받을 수 있다는 점에서 이를 환영했고, 오늘날에도 대부분의 도시 지역에서 이 정책은 유지되고 있다.

한국은 일본과 함께 사립학교를 적극적으로 교육기회 확대에 활용한 국가중 하나이다. 사립학교에도 공립학교와 마찬가지로 교원보수, 행정비용, 시설비용 등이 지원된다. 이 반대급부로 사립학교는 공립학교와 동일한 등록금을 징수하고, 국가교육과정과 교사자격기준을 따르며, 교육관청의 지도감독을 받는다. 평준화 정책을 수행하면서 정부에서도 교육여건의 평준화를 중심과제로 추진하였는데, 교원임용에 있어서는 사립학교에서 선발하는 제도를 허용하여, 공립학교 교사와 달리 자체시험을 통해 선발할 수 있도록 하였으나 최근에는 1차시험의 경우 교육청공동시험을 활용하도록 하고 있다.

중학교와 고등학교 입시가 폐지되면서 취학률이 급격히 증가하였고, 한국 사회는 1970년대 중학교 보편화, 1980년대 고등학교 확대 정책을 단계적으로 추진하였다.

중·고등학교 평준화 정책은 교육 기회의 확대와 사회적 형평성 제고라는 측면에서 성과를 거두었다고 평가받는다. 그러나 시간이 흐르며 사회가 변화하고, 과학기술의 발전과 창의성 중심의 교육이 요구되면서 민간 영역의 자율성 확대가 중요한 과제로 떠오르자, 평준화 정책의 한계도 점차 지적되기 시작했다. 획일적인 교육 방식으로는 다양성과 수월성이라는 교육 목표를 동시에 달성하기 어렵다는 인식 아래, 1980년대 이후 특수목적고와 영재교육 제도가 도입되었다. 1982년 과학고등학교, 1990년 외국어고등학교의 설립, 그리고 2000년 영재교육진흥법 제정을 통한 영재학교 도입 등은 평준화 정책을 보완하려는 시도였지만, 동시에 또 다른 교육 격차를 초래하고 있다는 비판도 받고 있다.

 오늘날의 한국 사회는 과거보다 훨씬 다양한 교육 수요와 기대를 품고 있으며, 평등과 수월성 사이의 균형이 그 어느 때보다 중요한 과제가 되었다. 첨단기술을 선점하기 위한 한 명의 우수인재의 발굴과 양성이 어느 때보다 필요하고, 또한 이제는 모든 학생이 자신의 잠재력을 최대한 실현할 수 있도록 보살펴야 한다. 이를 위해서는 단순한 제도 개편을 넘어서는 사회적 합의, 실패를 포용하는 문화, 그리고 교육의 본질에 대한 깊은 성찰이 함께 이루어져야 할 것 같다.

광복 80년 : 한국을 만든 교육정책
07

교원자격 일원화 및 순환근무제:
전국 어디든 우수교사가

    대한민국은 국가 주도의 교원자격제도를 운영하는 대표적인 중앙집권형 국가이다. 대부분의 선진국들이 지역 단위에서 교원자격기준을 설정하고 있는 것과는 달리, 한국은 1953년 제정된 「교원자격검정령」을 기초로 국가 차원에서 자격 기준을 일원화하였다. 이와 같은 제도는 교사의 전문성과 교육의 질을 국가가 직접 관리하고 보장하기 위한 전략적 결정이었다.

    한국에서 초등학교 교사가 되기 위해서는 국립 교육대학(특수한 경우로 이화여대 및 한국교원대의 초등교육과 포함)에서 교직과정을 이수한 뒤, 2급 정교사 자격증을 취득해야 한다. 이후 각 시·도 교육청이 주관하는 임용시험에 합격하면 공립학교 교사로서 채용된다. 교사의 근무지는 해당 지역 교육청이 배정하며, 일반적으로 한 학교에서 약 4년간 근무한 뒤 교육청의 인사 명령에 따라 다른 학교로 전보된다.

    중등학교 교원의 경우, 자격 취득 경로가 보다 다양하다. 대학

내 사범대학 졸업자는 전공과 함께 교직이수를 이수함으로써 중등학교 교사 자격을 얻을 수 있다. 또한, 일반대학 재학생도 정부가 교직과정 운영대학의 재학생의 경우 교직과정을 이수하면 교사자격을 취득할 수 있다. 더불어, 초등학교와 마찬가지로 공립 중등학교에 임용되기 위해서는 시·도 교육청이 시행하는 교원임용시험을 통과해야 하지만, 사립 중·고등학교의 경우에는 학교 또는 학교법인이 자체적으로 실시하는 채용시험을 통해 교사를 선발한다. 이처럼 공립과 사립 간의 채용방식에는 차이가 존재하나, 교원자격의 기준 자체는 국가 차원에서 동일하게 관리되고 있다는 점에서, 자격제도의 일원화라는 원칙은 유지되고 있다.

한국 교원제도의 특이점 중 하나는 순환근무제이다. 순환근무제란 일정 기간이 지난 교사가 정기적으로 다른 학교로 전보되는 것을 원칙으로 하는 공립학교 교원의 인사 운영 방식으로, 이는 중앙집권적 행정운영 체계와 밀접한 연관이 있다. 이 제도는 특히 교원의 역량 차이로 인해 학교 간 교육 격차가 심화되는 것을 방지하고, 특정 교원이 도시에만 집중되어 농어촌 지역이 교육자원으로부터 소외되는 문제를 해결하기 위한 정책적 장치로 도입되었다.

도서·벽지와 같은 교육 소외 지역은 교사들의 지원률이 낮기 때문에, 일정 기간 동안 교육청의 발령을 통해 우수한 교원이 해당 지역에도 순환적으로 배치되도록 하는 것이 순환근무의 중요한 기능 중 하나이다. 물론 순환근무는 장기적으로 한 학교에 근무하며 쌓을 수 있는 교육 전문성 축적이나 학교 공동체에 대한 소속감 형성이라는 측면에서 불리한 점이 있다. 그러나 한국은 '모든 지역의 교육여건을 최대한 균등하게 보장한다'는 공공성과 형평성의 원칙을 앞세워 이 제도를 유지하고 있으며, 이로 인해 일정 수준 이상의 교육 품질을 전국 어디에서나 제공할 수 있는 기반이 마련되었다.

그림 9. 울릉도에서 40년간 가르친 선생님 기사
(조선일보 1997년 8월 24일 31면 사회면)

이러한 정책적 방향은 한국의 산업화와 교육기회 확대가 본격화된 1960~70년대에 더욱 뚜렷하게 나타났다. 특히 초등의무교육의 전국적 실현과 더불어 중등교육 기회 확대가 사회적 과제로 떠오르면서, 정부는 교육 소외 지역에 먼저 제도적 관심을 집중하였고, 이를 위해 1967년 「도서·벽지교육진흥법」을 제정하였다.

이 법은 국가와 지방자치단체가 도서·벽지 지역의 의무교육 진흥을 위해 교육시설 및 설비 확보, 교원 연수, 경비 지원 등을 타 지역보다 우선하여 실시해야 함을 명시하였다. 또한 도서·벽지 지역에 근무하는 교사에게는 '급지(給地)'에 따라 차등화된 도서·벽지 수당을 지급할 것을 규정하였으며, 이를 통해 해당 지역 근무의 유인을 높이고자 하였다. 이러한 지원은 단지 임금 보조에 그치지 않았다. 1972년부터는 교과서 무상 공급이 도서·벽지 지역의 전체 학생에게 확대 적용되었고, 학교 운영비로 활용되던 육성회 회비도 폐지되며 국고 지원으로 대체되었다. 이는 교육기회의 형평성을 위한 재정정책이 어떻게 실제적 지원으로 전환되었는지를 잘 보여주는 사례다.

한국 정부가 이처럼 교육에서 소외되기 쉬운 지역을 우선적으로 고려하여 정책적·재정적 지원을 집중한 점은 오늘날 개발도상국이 중등교육 보편화를 추진하는 과정에서 주목할 만한 사례가 된다. 현재 많은 개도국에서는 도시와 농촌 간 중등학교 취학률의 격차가 심각하며, 이는 낙후된 지역의 교육환경과 교원 수급 부족으로 인한 구조적 문제에서 비롯된다. 한국은 이러한 문제에 대응하기 위해, 도서·벽지 교육을 별도 법령으로 관리하고, 교원의 순환근무제를 법제화하며, 교원에 대한 수당 지급, 가산점 부여 등 실질적인 유인책을 병행함으로써, 비교적 짧은 시간 안에 전국적으로 일정한 수준이상의 교육의 질을 확보하는 데 성공하였다. 국제학력평가인 PISA 에서 한국학생들이 우수한 성적을 거두는 이유 중의 하나는 지역별, 학교별 교육의 격차가 크지 않다는 점이 크게 작용한다.

08

주경야독(晝耕夜讀) 산업체 부설학교:
대통령 할아버지, 공부하고 싶어요!

1970년대는 한국이 초등 의무교육을 완성한 직후, 여성의 경제활동 참여율이 증가한 시기였다. 15세에서 19세 사이 여성들의 경제활동 참가율은 1960년 28.6%에서 1975년 44.5%로 증가했으며, 이 변화는 주로 섬유 산업을 중심으로 한 제조업 분야의 여성 노동자 수의 증가로 나타났다.

여성들의 경제활동 참가가 늘어난 가장 큰 이유는 한국의 급속한 경제성장이다. 전문가들은 경제성장의 배경으로 1960년대 이후 경제개발계획의 수립에 기초한 공업화정책의 적극적 추진을 든다. 이런 정책배경에서 농촌의 10대 여성들이 노동집약적 산업 분야의 공장근로자로 유입되었으며, 국민의 교육 수준의 전반적인 향상은 급속한 경제성장의 견인차 역할을 하였다. 1인당 GNP가 1963년 100달러 수준에서 1980년 2,000달러 수준으로 증가하였다.

초등교육의 경우 법적으로 의무교육으로 추진하여 여아들의 교육도 보장되었으나, 중등교육의 경우 의무교육조치는 1990년대 후반에 도입됨으로서 부모에게 여아를 학교에 보낼 의무는 없었다. 당시의 가부장적 사회 구조 속에서 여성은 중등교육의 교육의 기회를 얻지 못한 채 가족의 생계를 위해 노동현장으로 내몰렸고, 많은 여학생들은 남자 형제의 학비를 지원하거나 가정을 부양하기 위해 학업을 포기해야 했다.

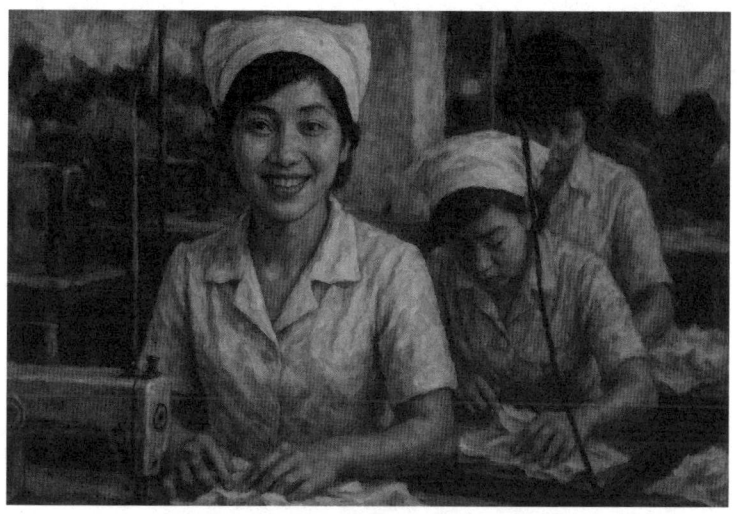

그림 10. 1970년대 봉제공장에서 일하던 여공의 모습
(출처: 한국일보)

이러한 현실에 주목한 계기가 1973년 대통령의 한일합섬 공장 시찰 중 발생했다. 현장에서 일하던 여성노동자들이 "공부를 계속하고 싶다"고 호소했고, 이에 대통령은 산업체 내에 근로 청소년들이 학업을 이어갈 수 있도록 학교를 설립하라는 지시를 내렸다. 정부는 이 지시에 따라 근로 청소년에게 정규 교육 기회를 제공하

면서 동시에 산업 인력을 양성할 수 있는 방안을 모색했고, 1974년 교육법에 근거 조항을 마련하여 산업체 부설학교 제도를 공식화하게 되었다.

당시의 학교 설립은 학교법인 설립을 필요로 했지만, 산업체 부설학교는 일정 규모 이상의 기업이 자체적으로 설립할 수 있도록 예외를 인정하였다. 교육과정 이수 기준도 일반 학교보다 유연하게 설계되었으며, 일과 학업을 병행할 수 있도록 저녁 시간대를 활용한 야간 수업이나 특별학급 운영이 가능하도록 했다. 이 제도의 시행 초기인 1974년에는 3학년 9학급 규모로 시작했으나, 1978년에는 전국적으로 120학급까지 확대되었고, 1981년에는 전국에 43개의 산업체 부설학교가 실업고등학교라는 명칭으로 운영되었다. 정부기록물을 통해 설립 후 정부가 운영현황을 점검하고 학생들이 겪는 어려움들을 지원하고 대통령에게 보고하였던 자료들을 확인할 수 있다.

이 제도는 특히 당시 교육 기회가 제한적이었던 여성 청소년들에게 큰 의미가 있었다. 또한, 기업의 입장에서도 안정적인 노동력을 확보하고 운영에 따른 정부지원금도 받을 수 있었다. 이러한 아래로부터 시작된 공부에 대한 열망이 실현되는 정책들로 인해 중등교육 취학률은 1980년대 말에 이르러 90% 수준까지 상승할 수 있었고, 이는 한국 사회 전반의 인적 자원 고도화에 기여하였다.

물론 이 제도에는 그림자도 존재했다. 일부 기업에서는 산업체 부설학교 제도를 악용하여 어린 노동자들을 저임금으로 고용하는 수단으로 활용하거나, 형식적인 교육만을 제공하여 실질적인 학습이 이루어지지 않는 경우도 있었다. 제도적 감시와 품질관리가 부족했던 초기에는 교육의 본래 목적이 흐려지는 사례들도 분명히 존재했다.

그러나 산업체 부설학교의 경험은 한국 교육사에서 노동과 교육의 병행이라는 과제를 제도적으로 해결하려 했던 특별한 사례이다. 유교사회에서 교육의 기회를 얻지 못했던 여성들의 요구에 의해 탄생한 제도이고, 국가가 법규정 등을 통하여 정규교육내로 포함하여 시작하였다는 점이 특이하다. 이 제도의 활용 또한 여성의 교육 기회를 확장하는데 기여하였다.

이러한 경험은 한국을 넘어 개발도상국에서도 유사한 형태로 재현되고 있다. 예를 들어, 방글라데시 치타공에 위치한 한국의 섬유기업 영원무역은 여성 노동자에게 교육 기회를 제공하는 모델로 주목받고 있다. 방글라데시에서 섬유산업은 타 분야에 비교하여 여성경제참여율이 월등히 높은 비율을 차지하고 있다. 방글라데시에서 여성의 경제활동이 극도로 제한적이었던 시기, 이 기업은 여성 인력을 적극 고용했을 뿐 아니라, 그들이 일하면서도 학업을 지속할 수 있도록 지원하는 체계를 마련했다. 현재 방글라데시 섬유산업 노동자의 약 68%가 여성이며, 이들에게 제공된 학습 기회는 단지 경제적 자립을 넘어 개인의 성장과 지역사회 발전에도 기여하고 있다. 이는 산업체 부설학교가 여성의 삶을 변화시키는 수단이 될 수 있음을 방증한다.

필자는 산업체 부설학교를 아래로부터의 교육적 열망에 국가가 적극적으로 대응한 사례로서, 매우 의미 있는 제도로 평가하고 싶다. 교육은 경제 발전의 수단이자 사회 정의의 기반이다. 산업화 초기 한국이 채택한 이 제도는 오늘날 중등교육 기회 확대를 위한 다양한 제도를 모색하는 개발도상국들에게도 유의미한 참고 사례가 될 수 있다고 생각한다.

광복 80년 : 한국을 만든 교육정책
09

직업계고 육성:
직업계고를 졸업한 대통령

　전 세계적으로 직업계 고등학교 출신이 국가 지도자로 선출되는 사례는 드물다. 그러나 한국에서는 김대중, 노무현, 이명박 대통령 등 세 명의 대통령이 직업계고 출신이라는 점에서 주목할 만하다. 한국의 직업교육 체계는 직업훈련기관과 중등교육기관인 특성화고를 유기적으로 결합하여 학력 인정과 직업훈련을 동시에 보장하는 특징을 갖는다.

　직업교육을 받은 학생들도 희망할 경우 대학 진학의 기회를 가질 수 있으며, 산업체에서 근무경력을 쌓은 후에도 대학에서 학업을 지속할 수 있다. 이를 통해 산업기술에 대한 지식과 경험을 갖춘 인재들이 대학 교육을 이어가거나 산업 현장에서 핵심 인력으로 성장할 수 있도록 설계되었다. 이는 유럽국가나 북미에서 초등 이후 직업계열로 학교가 정해질 경우 거의 대학에 진학하는 것이 불가능한 시스템과 비교된다.

　1960년대 이후 한국은 국가 산업구조를 경공업 중심에서 중화학공업 중심으로 전환하는 계획을 추진하였으며, 이를 뒷받침하기 위해 공업계고의 역할이 강조되었다. 당시 정부는 공업계고와 상업계고의 확대를 적극적으로 지원하며 교육여건을 개선하는 데 많은 예산을 투입하였다. 특히, 1977년에는 정부의 직업계고 지원예산이 전체 고등교육 예산과 거의 비슷한 수준까지 증가할 정도로 직업교육에 대한 정책적 관심이 높았다. 국제기능올림픽 대회의 출전도 적극 지원되었고 수상자들의 귀국 환영행사를 국가적으로 개최하는 등 기능인력에 대한 국가의 관심과 투자가 높았다.

그림 11. 국제기능올림픽대회 우승자 카퍼레이드 기사 (조선일보 1977.7.19 7면)

전체 고등학교 중 전문계 고등학교가 차지하는 비율은 1970년대에는 54.1%로 과반수 이상을 차지하였으며, 1980년까지 40%

수준을 유지하였다. 전체 고등학생 중 전문계고 학생 수가 차지하는 비율은 1970년대에는 46.6%를 차지하였으며 1985년 41.2%, 1990년 35.5%로 지속적으로 감소추세를 보인다.

현대그룹 창업주 정주영 전 회장은 어린 시절 학교 교육을 제대로 받지 못한 자신의 과거가 되풀이 되지 않도록 하는 마음으로, 1976년 7월 학교법인 현대학원을 설립하였고, 재단이 세우는 첫 학교로 세계 공업화 흐름에 맞춰 우수 기술인을 양성하고자 1978년 3월 10일 울산에 현대공업고등학교를 개교하였다.

조선소 부지도 확보하지 않은 상황에서 영국의 은행에서 재원을 빌리고 그 자금으로 조선소를 세워 첫 배를 그리스 리바노스사에 인도한 일화는 한국경제의 전설로 남아있는데, 현대공고는 이 조선사업의 성장에 실질적으로 기여하게 된다. 현대공고는 2015년에는 조선해양플랜트 분야 마이스터고로 전환해 전국 단위로 신입생을 모집하고 있다. 현재 조선산업은 세계 1위 수준으로 인정받고 있으며 최근에는 미국에서 한국과 협력을 강화하고 싶은 분야로 빈번히 언급되고 있는 데 이 일화는 한국의 무에서 유를 창조하는 역사의 증거로 회자된다.

국제 원조 사업을 활용하여 직업계고 교육환경을 개선하고, 인문계와 실업계 고교의 교육과정을 별도로 운영하기 위한 실업계 고교 교육과정을 제정하고 실업교사 양성을 위한 농업교육과, 공업교육과, 수산교육과, 상업교육과 등을 설치하였다. 실업·실습 경비의 국가 보조 의무화와 산학협동과 현장실습의 강화 등의 정책이 추진되었다. 또한 1963년 산학협력법을 제정하여 직업교육기관과 산업계와의 연계활동의 기반을 마련하였다.

이러한 적극적인 정책은 제조업, 중화학공업 육성과 맞물려 1960년대부터 1980년대까지 한국 경제 성장에 중요한 역할을 했다. 1990년전까지 한국경제발전에 기여한 교육의 비중 중 가장 크게 기여한 부분은 중등교육으로 나타나는데, 이는 당시의 직업계고 고등학교 육성을 통한 인재 양성이 경제발전에 크게 기여한 것으로 전문가들은 주장한다. 1990년에 들어와서는 지식정보시대에 대응하기 위한 정보통신 관련 특성화고도 새롭게 등장하게 된다.

그림 12. 울산 현대조선소 선박 제작소 건설현장 방문사진
(출처: 아산 기념관, 1974)

이와 같은 직업교육 정책은 한국의 중등교육 취학률을 높이는

데도 기여하였다. 1989년 한국의 중고등학교 취학률은 90%를 기록하며 보편교육 단계에 진입하였으며, 이는 OECD 국가 평균보다 빠른 수준이다. 이는 직업계고를 포함한 다양한 교육 기회의 확대가 중등교육 전체 취학률 상승에 기여했음을 보여준다.

한국의 중등학교 단계 학제는 독일과 비교했을 때 차별화된 특징을 갖는다. 독일에서는 초등학교 4학년 이후 직업교육 트랙으로 진로가 결정되면 대학 진학이 거의 불가능한 복선적인 학제이나, 한국은 우수한 특성화고 졸업생이 희망할 경우에는 대학에 진학할 수 있도록 특별전형 등의 제도를 병행해 운영하였다. 독일의 경우 비교적 이른 시기의 계열 결정에 대해 학부모들의 불만이 증가하고 있어 최근에는 혼합적 성격의 중등교육도 운영하고 있다.

독일의 경우 산업기반이 먼저 갖춰진 국가인 만큼 산업계와 직업훈련이 밀접히 연계된 상황에서 졸업 후 취업률이 매우 높다. 한국의 경우 특성화고를 졸업하고 대학에 진학하는 학생이 증가하고 있으나 이러한 선택이 직업계고 운영의 취지에 맞지 않다는 지적도 있다.

그러나 독일의 경우 직업간 보수격차나 낮고 사회적 차별 정도가 크지 않다는 측면에서 굳이 대학을 갈 필요가 없다고 생각하는 반면, 우리의 경우 최근 격차가 줄어들고 있으나 고졸학력자와 대졸학력자와의 임금격차가 여전히 높고, 보이지 않는 차별이 존재하여 대부분 대학을 가려하는 현실이다. 1970년 중반까지 급증하는 중등교육 취학률와 대비되어 대학교육 정원증원은 극도로 억제하였는데, 여기서 비롯된 고등학교 졸업생 대비 대졸인구의 희

소성이 고졸과 대졸직원간 임금격차에 영향을 준 요인 중 하나라고 주장하는 의견도 있다.

한국의 직업고등학교 정책은 경제 발전과 산업 구조 변화에 발맞추어 유동적으로 변화해 왔다. 1980년대 이후 대학 진학률이 급격히 증가하면서 직업계고의 인기는 점차 하락하였다. 고등교육 취학률이 90%에 달하면서 과잉 학력 사회가 형성되었고, 이로 인해 고학력 실업 문제가 심화되었다.

이에 대응하여 이명박 정부는 이후 마이스터고등학교 정책을 도입하였다. 마이스터고는 신산업 분야 전공을 신설하거나 개편하고 취업 100% 보장을 목표로 출범하였으며, 이를 통해 직업교육의 위상을 다시 회복하려는 정책이 추진되었다. .

그간 정부의 직업계고 확충정책, 마이스터고 도입 등은 모두 산업과 교육의 연계를 강화하려는 정책적 시도였다. 직업계고에 대한 이러한 정부의 관심과 체계적이 노력이 경제성장과 개인적인 발전에 기여하였고 중등교육보편화에도 기여하였다.

광복 80년 : 한국을 만든 교육정책

10

국립대학 특성화:
경제성장 기여 및 지역교육기회 확대

    1995년 교육개혁에 따른 대학정원자율화 정책 이전까지 한국은 대학의 정원을 국가가 법과 규정으로 강하게 통제하는 국가였다. 정부규제가 있는 국가는 대부분 고등교육 취학률이 높지 않은 게 일반적이지만, 한국의 상황은 다소 다르다. 오늘날 대한민국의 대학 취학률은 70%를 넘어 세계에서 가장 높은 수준을 기록하고 있다. 그러나 불과 반세기 전만 해도 상황은 전혀 달랐다. 1970년대 중반까지 우리나라의 대학 취학률은 7% 수준에 불과했으며, 해방 직후인 1945년에는 전국의 대학생 수가 7,819명에 그쳤다.
    제1공화국 시기에는 국민들의 교육에 대한 열망과 교육을 향한 독지가들의 헌신 등으로 사립대학이 급격히 늘어났고, 대학생 수도 증가하여 일시적으로는 선진국 수준의 대학 진학률에 이르기도 했다. 그러나 당시 경제적 기반이 매우 취약했기 때문에, 이러한 대학생 수 증가는 높은 청년 실업률과 일부 사립학교들의 편법운영으로 이어졌고, 고등교육에 대한 국가정책 개입의 필요 및 정당성으로 이어졌다.

1960년 4.19 혁명 이후 신정부는 출범 초기부터 대학 정원을 축소하기 위한 정책을 추진하였다. 특히 사립대학의 무분별한 정원 확대를 억제하고, 대학학생정원령을 제정하는 등 대학에 대한 국가 통제를 강화하기 위한 방향으로 정책을 전개하였다. 그러나 한편으로는 국가 산업구조를 농업 중심에서 경공업, 나아가 중화학공업 중심으로 전환하기 위한 경제개발계획에 따라, 해당산업과 관련된 고급 기술인력 양성이 필수적으로 요구되었다.

이에 따라 정부는 공업계 고등학교를 지원하는 한편, 지역 특화산업과 연계된 국립대학 공과대학의 정원을 대폭 늘리고 재정 지원을 확대하였다. 그 결과, 국립대학 중심으로 지역별로 역점산업과 관련된 공대정원이 크게 증가하였고, 지역별 특성화 교육 여건도 개선되기 시작하였다.

반면 수도권 대학의 정원 증원은 전면적으로 제한되었는데 당시 대학의 정원을 늘리기 위해서는 국무회의의 심의를 거쳐야 할 정도로 강력한 통제를 유지하였다. 정부는 이러한 수도권규제가 서울과 수도권으로의 대학생 집중을 막고, 지역 균형 발전을 도모하기 위해 필요하다고 판단하였다.

그럼에도 불구하고 제3공화국의 대학 정원 축소 시도는 군사정권 하에서도 실현되지 못했다. 대학정원은 3공화국 당시에도 지속적으로 증가하다 1970년 후반에는 급증하는 재수생문제 등을 고려하여 단계적으로 증가시키는 정책을 실시하였다. 실업계 고등학교 확대, 고교 평준화 정책 등으로 중등교육 기회가 급속히 확장되면서 고등학교 취학률은 80%에 육박하였고, 이는 대학 진학 수요 증가로 이어졌다.

그림 13. 지역대학 특성화 계획 확정 기사
(출처: 교육부 조직연혁시스템)

대학 취학률 7% 수준으로는 이러한 수요를 감당할 수 없었고, 정부는 1978년부터 연 평균 12%씩 정원을 늘리는 계획을 세워, 1970년대 말부터 대학생 규모를 점차적으로 확대하게 되었다. 이 계획에서도 수도권 대학에 대한 정원 증원은 엄격히 제한되었고, 야간 과정 확대만이 허용되었다. 결과적으로 국립대학과 지방 소재 대학의 정원 비중이 높아지는 효과를 낳았으며, 이는 지역 고등교육의 기반을 강화하는 데 일정한 역할을 하였다.

그러나 이러한 수도권 정원 규제 정책은 1980년 신군부가 도입한 대학입학정원의 130% 선발을 허용한 졸업정원제 정책에는 반영되지 않았고 모든 대학에 증원이 허용되었다. 이후 수도권 대학들이 정원을 대폭 확대하게 되면서 다소 개선되던 사립대 의존현상이 심화되어 현재와 같은 사립대학 중심 구조가 고착화되는 결과를 낳게 되었다. 다만 1982년 수도권정비계획법 제정 후 수도권대학의 정원확대는 제한을 받게 된다.

경제개발 시기 한국의 대학 정원 정책은 고도성장기 산업구조 개편에 부응하면서도 수도권의 대학정원을 제한하는 목적을 견지하여 국립대 공과대학을 중심으로 지역의 교육기회와 여건을 개선하는 방향으로 추진되었다. 특히 수도권 대학의 정원 규제와 국립대학의 특성화는 지역 고등교육의 기반 조성과 산업 인력 양성이라는 두 가지 목표를 동시에 고려한 정책이었다고 볼 수 있다.

그러나, 군사정권의 대표적 비판세력이었던 대학생들 규모를 수도권지역에서 최대한 억제하려 하였던 정부의 숨겨진 의도가 있었을 것이라는 견해도 있고, 이는 1970년대 민주주의를 위한 대표적인 대학생 시위가 지역을 중심으로 촉발되었다는 사실과도 일맥 상통한다.

광복 80년 : 한국을 만든 교육정책

11

과학교육정책:
과학자가 되고 싶어요.

최근 들어 전 세계적으로 STEM(Science, Technology, Engineering, Mathematics) 교육이 중요한 화두로 떠오르고 있다. 하지만 한국의 기성세대에게 있어 과학교육은 결코 새로운 이슈가 아니다. 어릴 적부터 한국인들은 과학 경시대회, 수학 경시대회, 과학상상화 그리기 대회, 과학의 달 행사 등 다양한 과학 관련 활동에 익숙하게 자라왔다. 직장인이 된 이후에는 오히려 수많은 과목 중 과학교육을 담당하는 부서만 존재하는 것이 이상하다고 생각했던 기억이 있다.

이처럼 과학교육이 한국 사회에 자연스럽게 녹아든 데에는 정부의 지속적이고 체계적인 정책이 뒷받침되어 있었다. 많은 개발도상국들이 최근 들어 과학교육의 중요성을 강조하고 있는 것에 비교하여, 한국은 정부 수립 초기부터 과학을 국가 발전의 핵심으로 인식하고 집중적으로 투자해 왔다. 오늘날에는 1인당 GDP 대비 과학기술 연구분야에 가장 높은 수준의 투자를 하는 나라

중 하나로 언급되기도 한다. 2023년 한 해 동안 한국의 연구개발(R&D) 투자 규모는 119조 740억원으로, 국내총생산(GDP) 대비 비중으로 세계 2위이다.

1948년 정부 수립과 함께 문교부에 '과학교육국'을 설치한 것은 이러한 과학 중심 정책의 시작을 상징한다. 제1공화국 시기에는 과학과 기술을 국가 성장의 열쇠로 인식하였고, MIT와 같은 세계적인 대학을 만들겠다는 비전 아래 인하공과대를 설립하였다. 서울대와 한양대 등에는 원자력공학과를 설치하고 우수한 인재를 유학보냈으며, 1959년 최초의 국책연구기관으로 한국원자력연구원을 설립하였다.

그림 14. 원자력연구원 전경(1960)
(출처: 한국원자력연구원 홈페이지)

제3공화국 시기 과학기술에 대한 투자가 본격화된다. 국가 재정이 넉넉하지 않던 상황에서, 정부는 국가 산업에 꼭 필요한 분야를 선별하여 집중적으로 지원하는 전략을 택하였다. 1966년에는 한국과학기술연구원(KIST)을 설립하고, 해외에서 활동 중이던 연구자들을 파격적인 조건으로 귀국시켰다. 이어 1967년에는 과학기술처가 발족, 「과학기술진흥법」을 제정이 진행되었고, 1971년에는 한국과학기술원(KAIST)을 설립하여 전략 산업을 이끌어갈 고급 과학기술 인재 양성에 나섰다. 서울대학을 비롯한 지역국립대의 공과대학에 대한 정원확대 및 재정지원도 대폭 확대되었다.

KAIST 설립과 관련하여 박정희 대통령은 문교부에 특수 과학대학원의 설립을 지시했지만, 문교부가 반대하자 이를 과학기술처 산하에 직접 설립하게 하였다는 일화가 있다. 박근혜 대통령이 전자공학을 전공한 것도 아버지의 영향이라고 알려져 있는데 이는 당시 다른 나라의 지도자 자녀들이 주로 정치나 경제, 사회 분야를 전공한 것과 비교된다.

정부는 대학의 정원 정책에서도 과학기술 분야에 우선순위를 두었다. 1995년 문민정부 이전까지는 대학의 학생정원을 정부가 강력히 통제하였는데, 전략산업과 관련된 이공계 학과의 정원은 지속적으로 확대하였다. 반면 인문계는 증원을 통제함으로써, 결국 인문계보다 낮았던 이공계 정원 비율이 역전되는 결과를 가져왔다. 이는 일본과 비교할 때 차이점이 더욱 두드러진다. 일본은 1930년대 이후 이공계 정원 비율을 거의 유지한 반면, 한국은 정부의 적극적인 개입을 통해 이공계 정원비율을 확대해 왔다.

결국 이러한 전략적 계획 수립, 전담 부서 설치, 관련 법령 제정, 예산 확보, 인력 양성기관 설립 등의 전면적인 정책 추진과 국민들의 노력과 열정이 더해져, 한국은 오늘날 세계 기술을 선도하는 국가로 자리매김하게 되었다. 한국의 과학교육 정책은 단순한 교육정책을 넘어, 국가 발전을 이끌어 온 핵심 성장 전략이자 세계가 주목하는 성공 모델이라 할 수 있다.

그림 15. 한국과학기술원 현판식(1981)
(출처: 국가기록원)

한국형 대학입시:
대학 본고사금지, 고교내신 상대평가

한국의 대학 입시 제도는 다른 나라와 비교하여 독특한 특징을 지니고 있다. 특히, 대학별 고사가 없고, 고등학교 성적을 학교의 성취 수준에 관계없이 일률적으로 적용하는 점이 두드러진다. 예를 들어, 필리핀은 대학별 시험을 통해 학생을 선발하며, 미국은 지원자의 출신 고등학교를 고려 요소로 활용한다.

1970년대 말까지 한국의 대학 입시는 예비고사와 대학별 본고사를 치러야 했다. 대학별 본고사는 난이도가 높아 특별한 준비 없이는 합격이 어려웠다. 1980년, 신군부는 국민적 지지를 얻음으로써 정권의 정당성을 획득하기 위해 과외와 대학별 본고사를 금지하고 고등학교 내신을 반영하는 등 대대적인 교육 조치를 단행했다.

당시 정책과정에 참여한 인사의 소회에 따르면 군부의 관심은 과외금지에 있었으나 교육부 및 연구진들이 포괄적이 교육개혁조치가 필요하다는 의견을 개진하였다고 한다. 이러한 의견이 수용되어 입시관련 정책과 학교현장 재정지원 정책 등이 포함된 것으로 기술하였다. 그 결과, 대학별 본고사를 폐지하고 고등학교 성적과 국가 대학 입학 학력고사 점수만으로 대학에 입학하도록 하는 제도가 도입되었다. 이는 대학이 아닌 정부가 학생 선발 기준을 정하는 강력한 국가 통제의 일환으로 다른 나라에서 찾아보기 힘든 제도이다.

당시 문교부는 고등학교 내신 성적 반영 비율을 제시하여, 전국의 모든 학교에서 학업성취도 일정 비율의 학생들이 대학 입시에서 동일한 점수를 받도록 했다. 고등학교 간 성취 수준의 차이는 무시되었다. 또한 모든 대학입시의 내신 반영 비율은 1981년 20%, 1982년 30%, 1983년 50%까지 확대하도록 하였다. 이러한 비율이 지금은 당연하다고 느끼지만 당시 서울대의 내신 반영률이 2%에 그치고 주요 사립대는 전혀 반영하지 않았다는 사실을 고려한다면 매우 파격적인 조치였다.

이를 통해 전국 어느 지역에서든 학교 공부에 충실하고 국가 대학 입학시험을 잘 치른 학생이 서울대 및 주요 대학에 입학할 수 있는 기회가 확대되었다. 국가 대학 학력 평가는 교육 과정 범위 내에서 출제되어, 대학별 본고사를 통해 입학하는 것보다 서민층에게 유리한 방식이었다.

1980년대부터 대입 제도의 근간은 그 기조를 유지해 왔으며, '3불 정책'으로 알려진 고교 등급제, 본고사, 기여 입학제 금지가 포함된다. 미국과 일본에서 허용되는 기여 입학제는 한국에서는 금지되어 있다. 2000년대 이후, 대학의 신입생 선발 자율성이 확대되고 창의성과 다양한 적성을 가진 학생들이 대학에 입학할 수 있도록 다양한 전형이 도입되었다. 그러나 기본적인 원칙은 유지되고 있다.

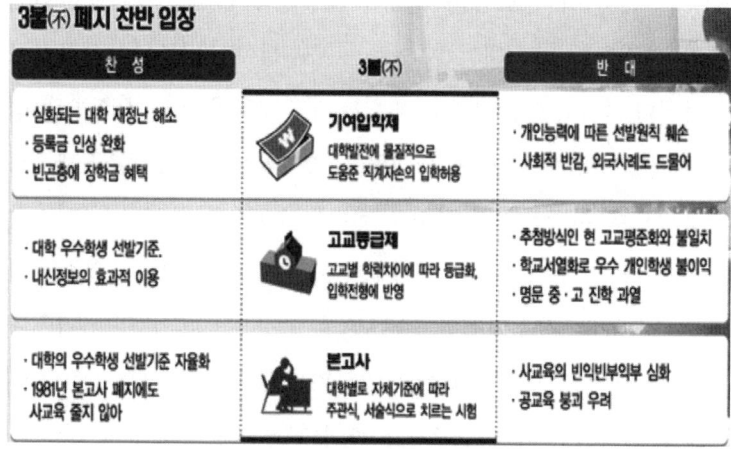

그림 16. 교육 3불(不)정책 시행에 대한 찬반입장
(출처: 경향신문 2007.3.23)

당시 이러한 제도 변화로 인해 지방 출신의 우수한 성적의 학생들이 서울의 주요 대학에 입학할 수 있는 기회가 확대되었다. 최근 이미경 CJ 부회장은 미국대학 졸업식 축사에서 서울대 입학해 보니 과의 반 이상이 시골의 작은마을에서 온 친구들이었다는 회고담을 이야기한 적이 있다.

입시 제도 변화로 등장한 지방 출신 서민 자녀들의 사회적 이동성은 그 이전 시기에 비해 확대되었으며, 그 세대가 현재 50~60대에 해당한다. 연구에 따르면 과외금지세대, 이 입시제도의 적용을 받은 세대가 하위계층이 상위계층이 될 확률에 비교하여 상위계층이 다시 상위계층이 될 가능성이 가장 낮은 세대로 분석되었다.

  교육만의 영향은 아니겠으나, 사회불평등 지수로 활용되는 GINI 계수가 가장 감소되는 시기이기도 하다. GINI 계수는 사회의 부의 집중도를 나타내는 지수로 낮을수록 형평성있는 사회라고 인정된다. 1980년대 대학생 세대는 대학교육을 통한 사회 이동성의 혜택을 가장 많이 받은 세대로 볼 수 있는데 당시 GINI 계수도 지속적으로 하락하였다. GINI 계수는 1970년 중후반 경제발전 초기 증가추이를 보이다 1980년대부터 1995년까지 0.29 수준까지 지속적으로 감소되었고 1995년 문민정부 이후 IMF를 거치면서 상승하였다. 최근에는 정부의 형평성 정책들의 영향으로 0.33 수준으로 OECD 국가 수준으로 관리되고 있다.

  이러한 1980년대 GINI계수 감소 추이는 경제 성장이 경제적 불평등을 수반하는 일반적인 경향에 역행하는 독특한 시기라고 할 수 있다.(Lee et al, 2018) 이러한 경제적 불평등 하락배경에는 다양한 원인이 있겠으나, 고등 교육기회 확대에 따른 영향이 일정 부분 기여하였음을 짐작할 수 있다.

졸업정원제의 명암:
입학은 쉽게, 졸업은 어렵게

　대학 시절, 선배들의 대화에서 종종 '졸업정원제'라는 용어가 등장하곤 했다. 그때는 그 의미를 정확히 이해하지 못했지만, 대학 사회에 부정적인 영향을 끼친 정책이라는 인상만 남아 있었다. 최근 의대 정원 확대와 관련하여 보건복지부 차관의 질의응답 중 오래간만에 졸업정원제가 언급되었는데 졸업정원제 유지의 균열을 가져온 것도 또한 의대와도 관련이 있음은 참 신기하다.
　한국은 대학의 학생 입학 정원을 국가가 법으로 규제하는 체제이다. 과거에는 개별대학의 정원 확대를 위해 정부의 승인이 필요했지만, 현재는 법 규정에 따라 일정 요건을 충족하면 대학이 자율적으로 결정할 수 있다. 졸업정원제는 1980년 신군부의 7.30 교육개혁 조치 중 하나로, 정원 관리를 입학 시점이 아닌 졸업 시점으로 변경하여 대학이 입학 시 더 많은 학생을 선발하되, 졸업 시에는 정해진 정원만을 졸업시키도록 한 제도였다. 당시 이 정책을 통해 대학 정원보다 30% 추가 선발하고, 학업 과정에서 일정 비율을 낙제시켜 최종적으로 정해진 인원만 졸업시키는 방식을 계획했다.

졸업정원제는 대학시설과 교원이 준비되지 않은 여건에서 갑작스러운 정원증원으로 대학현장에 막대한 혼란을 가져왔고, 대학생의 시위를 학업통제로 막고자 하였던 숨겨진 의도가 있던 제도였으나, 기회 확대측면에서만 본다면 당시 치열했던 입학경쟁을 완화시키는 역할을 한 측면이 있다. 믿기지 않으나 1981년 서울대에서도 정원미달현상이 발생하였다.

1980년 교육조치로 이 정책이 전격 도입되었을 때, 대학 측에서는 시설과 교원이 준비되지 않았다는 이유로 반대 의견을 표명했고, 학생들은 학업 경쟁을 통해 시위를 막기 위한 정책이라며 반발했다. 그러나 사립대학의 경우 열악한 재정 상황에서 도움이 되는 정책이었기 때문에, 일부대학의 경우 1981년 신입생 선발을 150%까지 늘리는 등 환영하였다. 그 결과, 1983년 고등교육 취학률이 1979년 7% 대 수준에서 30% 수준으로 상승하여 한국의 고등교육이 엘리트 교육에서 대중 교육으로 전환되는 계기가 되었다.

제3공화국에서는 대학 정원을 이공계와 지방 대학에 한해 제한적으로 허용해 왔으나, 졸업정원제 시행 시에는 수도권 대학도 정원보다 많은 신입생을 선발할 수 있었고, 시설 투자가 크게 필요하지 않은 인문사회계 분야가 대폭 증원되었다. 이는 의도하지 않았던 결과를 초래했는데, 특히 인문사회계 정원 확대는 여학생들의 입학 가능성을 높여 대학 내 여학생 비율을 크게 증가시켰다.

1979년 4년제 대학 재학생 중 28% 수준의 여학생 비율은 1984년이후 36%까지 증가하였다.

그림 17. 대입본고사 폐지 및 졸업정원제 실시관련 언론기사
(출처: 매일경제신문, 1980)

제3·4공화국은 일부 기간산업 육성에 필요한 부분을 제외하고 대학 정원을 극도로 억제했다. 신군부의 대학선발인원 증원 허용 정책의 결정 이유를 정확히 알 수는 없지만, 대학 내 학업경쟁 분위기를 조성하여 학내 시위를 줄이고, 학생들을 낙제시킬 수 있을 것으로 과신하지 않았을까 짐작해 본다.

그러나 미국과 독일처럼 국립대학이 대부분인 고등교육 체제와 달리, 사립대학이 80% 넘게 차지하고 사회 지도층의 사학운영 참여도가 높은 구조에서 사립대학 재정에 불리하게 작용하는 정책을 끝까지 고수하기는 어려웠을 것으로 생각된다.

이 정책은 갑작스럽게 도입되어 현장의 혼란을 초래한 것으로 알려져 있지만, 졸업정원제에 대한 논의는 그 이전에도 있었다. 지금도 마찬가지지만 당시 한국의 대학은 입학은 어렵지만 졸업은 너무 쉽다는 비판을 받아왔다. 이러한 문제를 해결하기 위해 순수한 교육적 차원에서 졸업정원제를 도입하자는 학자들도 있었다. 독일과 미국의 사례를 예로 들었는데, 독일 대학과 미국 주립대학의 경우 어려운 학업 과정을 따라가지 못해 낙오하는 비율이 50%를 넘는 경우도 있을 만큼 대학 졸업이 매우 어렵다.

이러한 엄격한 학사 관리는 대학 진학 수요를 줄이는 역할도 한다. 졸업이 보장되지 않기 때문에 공부에 적성이 맞지 않는 학생들은 직업 현장을 선택한다. 학력에 따른 임금 격차가 낮은 선진국적 노동 시장도 한몫을 한다. 한국의 학력에 따른 임금격차를 줄이고자 하는 정책도 당시 시작되었고 대학생 수 증가 이후 학력 간 임금격차도 줄어든 것으로 집계되고 있다.

정원을 늘려서 뽑았을 당시 사립대학과 학부모들은 환영하였으나, 제도 도입 후 학생들을 낙제시켜야 하는 시점에 와서는 많은 대학에서 조정 필요성을 제기하였다. 특히 여학생이 주를 이루는 학과와 의과대학에서 적극적으로 불만을 제기했는데, 남학생들의 경우 낙제를 피하기 위해 군 입대를 택하는 경우가 많았는데, 의과대학의 경우 교육 과정의 특성상 휴학을 하면 학업을 따라가기 힘들어 휴학이 어렵다는 이유로 정부에 일률적 낙제 정책의 문제점을 지속적으로 제기하였다.

1차 개선안(1983.8.19)에서는 의학 및 가정계열, 여자대학의 모집 비율을 100~130% 내에서 자율화하고, 졸업정원제 운영단위(계열별 또는 학과별 운영)와 학년별 탈락률을 대학이 자율 조정하도록 하였다. 이를 시작으로 대학의 자율권을 확대하는 방식으로 완화되다가, 1987년 국회의원 선거를 앞두고 여당의 적극적인 요청에 의해 정부가 일률적 비율의 낙제 방침을 철회하면서 막을 내렸다.

저소득층 대학장학금 확대: 과외금지 나비효과

1980년대 단행된 교육 조치의 일환으로 과외금지 조치가 포함되었고 이는 대학생들의 학업에 영향을 주었다. 일간신문에는 과외금지로 지방학생들이 서울로 유학가기 힘들어졌다는 기사가 게재되는 등, 학생들의 학업지원에 대한 사회적인 문제제기가 있었고 이에 따라 정부정책 필요성이 제기되었다.

이를 계기로 정부는 경제적인 이유로 학업유지에 어려움을 겪는 학생들을 지원하기 위한 다양한 장학금 정책과 학비부담경감 정책들을 보완하게 된다. 당시 문교부자료에 따르면 총 재학생수의 7%가량이 가정교사로 입주해 있던 학생들로 파악하였고 이들에 대한 장학금 재원을 확충하여 대학에 지원하게 된다.

정부는 저소득층 학생장학금 지급지침(1980.8)에 따라 저소득층 가정교사 학생들에게 장학금을 지급하도록 하고, 1981년 지침에는 국립대의 경우 30%, 사립대의 경우 20%의 신입생들의 경우 전액장학금을 지급한다는 정책이 포함되었다. 교외 장학금도 적극적으로 확보하여 학생들의 학업을 지원해야했다. 서울대학교의 경우 장학금 수혜율은 80년대 초에 크게 증가해 한때 수혜율이 70%(1982년)에 달하기도 했다.(통계로 본 60년)

장학금 대상자 선정 시에는 학업 성적보다 가정 형편이 우선적으로 고려되도록 개편하였으며, 당시 소득수준에 대한 국가의 통일된 기준이 마련되지 않은 상황에서도 학우나 교수의 추천, 학과 내 심사, 대학 본부 심사 등의 절차를 거쳐 진행하도록 지원하였다. 근로장학금, 대여장학금 등등 다양한 제도들이 도입되었다.

또한 대학이 일간신문 등을 통해 장학금혜택을 적극 홍보하도록 하였다. 사회 전체적인 분위기를 조성하여 동문회, 다양한 사회단체의 장학사업활성화를 유도하였다. 이와 함께 대학내 기숙사시설을 확충하여 지방에서 유학 온 학생들의 학업을 지원한다는 계획도 수립되었다.

그러나 이러한 장학금 정책이 모든 학생들에게 충분한 지원을 제공하지는 못했다. 과외 금지 조치로 인해 많은 대학생들이 경제적 어려움을 겪었으며, 특히 지방에서 올라온 학생들은 학비와 생활비를 마련하는 데 큰 어려움을 겪었을 것으로 짐작된다. 장학금 확충과 함께 사립학교 등록금 인상 통제 정책도 당시 시작된 것으로 판단된다.

이러한 등록금 규제는 문민정부 이후 대학 자율화 차원에서 완화-폐지되었다가, 이후 과도한 등록금 인상률이 사회 문제화되면서 이명박 정부에 들어와 등록금 인상을 물가인상률까지로 제한하는 법개정을 통해 다시 규제하는 방향으로 정책이 전환되었다.

대학 장학금 정책은 2009년 한국장학재단의 설립과 국가장학금 제도 도입을 계기로 보다 체계화되었다. 국가장학금은 학생 개인에 대한 직접 지원뿐만 아니라, 대학자체의 장학금확충노력을 고려하여 대학에도 장학금을 배정하는 이중 구조로 설계되어 대학 자체 재원을 활용한 장학금 확대를 유도했고, 이는 등록금 인상 억제의 수단으로도 작용하였다.

그림 18. 대학 장학금 수여의 문이 넓어졌다는 신문기사
(출처: 경향신문, 1981)

　최근에는 14년간 지속된 등록금 동결로 인해 대학들이 재정적인 어려움을 호소하고 있으며, 일부 대학은 등록금 인상을 추진하고 있다. OECD 국가를 기준으로 우리나라 대학들의 연간 학부

등록금 수준은 국공립을 기준(2019~2020학년도)으로 4792달러(약 416만원, ppp환율 적용)를 기록했다. 학부 수험료가 가장 많은 대학은 영국(1만2330달러)이었으며, 이어 미국(9212달러), 칠레(8317달러), 아일랜드(8304달러), 일본(5177달러), 캐나다(5060달러), 호주(5024달러)순으로 각각 나타났다. 우리나라 국공립대학은 이들 국가의 대학에 이어 8위를 차지했다.

2024년 기준 우리나라 사립대학의 연간 평균 등록금은 약 762만 원으로, OECD 국가 중 4위에 해당하여 선진국에 비교하여서는 높은 편이다. 고등교육기관 공교육비 중 민간 비중이 높은 반면, 학생 1인당 투자되는 고등교육분야 공교육비가 다른 나라에 비해 낮은 상황이다. 다만 이러한 구조적 한계를 보완하기 위해, 정부는 소득 수준에 따라 차등 지급되는 국가장학금을 확대하고 '취업 후 상환 학자금대출' 제도를 통해 학생들의 학업 지속을 지원하고 있고 이러한 제도를 통해 학생 1인당 실질적 부담을 줄이려는 노력을 하고 있다.

광복 80년 : 한국을 만든 교육정책

15

안정적 교육재정 확보:
교육세, 지방재정 교부금

　교육의 기회 확대와 질적 향상을 위한 첫걸음은 안정적인 교육재정 확보다. 그러나 코로나 19 팬데믹 이후, 많은 나라들이 재정난과 경기 침체 속에서 교육예산을 줄이고 있는 실정으로 국제기구들은 각국의 교육재정 위축을 우려하고 있다. 이런 흐름 속에서 한국은 여전히 강력한 교육재정 확보 시스템을 유지하고 있어 세계의 주목을 받고 있다.
　이러한 정부의 교육열을 상징적으로 보여주는 것이 '교육세'이다. 1980년, 한국 정부는 초·중·고 교육 정상화를 위해 한시적으로 폐지되었던 교육세를 부활시켰다. 본래 교육세는 1958년 초등 의무교육을 위한 재원 마련 차원에서 도입되었으나 1961년 폐지되었다. 1980년 이후 목적세 형태로 재도입되었고, 과세 시한이 여러 차례 연장된 끝에 1991년부터는 영구세로 전환되었다. 당시 조성된 재원은 과밀학급을 해소하고 교육여건을 개선하는데 기여하였다.

교육세는 금융·보험업자의 수익, 교통·에너지세, 주세 등에 부가세 방식으로 부과된다. 예를 들어 금융·보험업자의 수익금액에는 0.5%, 휘발유·경유 등에 붙는 교통세액에는 15%, 맥주·소주 등에 붙는 주세액에는 10%에서 최대 30%까지 교육세가 부과된다. 국민들이 술 한 잔, 차 한 대를 소비할 때마다 교육재정에 기여하고 있는 셈이다. 다소 이질적인 세원 구조로 인해 교육세에 대한 비판과 논의는 꾸준히 제기되어 왔다. 하지만 '교육재정의 안정적 확보'라는 대의 아래 이 제도는 현재까지도 유지되고 있다.

교육세와 더불어 한국 교육재정의 또 다른 축은 '지방교육재정교부금' 제도다. 이는 내국세의 20.79%를 법적으로 교육재정으로 자동 배분하는 시스템이다. 1971년 '지방교육재정교부금법'이 제정되었고, 비록 1972년 일시 중단되었지만 1982년 교육세가 다시 도입되며 법정 교부율도 복원되었다. 국세 수입의 일정 비율을 법으로 교육재정에 할당하는 나라는 극히 드물다. 자녀 교육을 위해 아낌없이 투자해온 한국 부모들의 교육열에 못지않게, 정부의 교육열도 높았음을 기억할 필요가 있다.

최근에는 저출산으로 인한 학령인구 급감, 고령화 사회 진입, 평생교육 시대 도래 등 교육재정의 환경이 급격히 달라짐에 따라 법령에 따라 일정비율이 자동으로 교육에 배부되는 교부금제도를 개선해야 한다는 주장들이 제기되기도 한다. 주로 초·중등 교육 중심의 재정 배분에서 확대시켜 평생학습, 직업교육, 고등교육 등으로의 전환이나 법정 비율의 조정 등이 필요하다는 내용이다. 그러나 교육여건을 선진국수준으로 높이고 보다 더 다양한 교육서비스 제공의 필요성도 제기되고 있어 국민적 공감대가 필요한 사항이라 판단된다.

2021년 기준, 한국의 초등부터 고등교육까지 전 교육 단계에서 공교육비 지출은 국내총생산(GDP)의 5.2%에 달해 OECD 평균인 4.9%를 웃돌았다. 특히 초·중등교육에서는 정부 재원이 GDP의 3.4%로 OECD 평균보다 높았지만, 고등교육에서는 0.7%로 OECD 평균(1.0%)에 미치지 못했다. 학생 1인당 공교육비 지출도 $15,858로 OECD 평균을 넘었고, 초등($14,873)과 중등($19,299) 단계에서 높은 수준을 보였다. 그러나 고등교육은 $13,573로 여전히 평균에 못 미쳤다. 이러한 흐름은 교육 재정이 기초교육에 집중되어 있다는 점을 보여준다.

한편, 1980년대 초반 한국의 교육재정은 GDP 대비 약 3.3% 수준으로, 1982년 일시적으로 6.3%까지 증가하였다가 이후 경기 변동에 따라 1985년에는 3.9%로 감소하였다. 전체 교육 투자 비율은 40년 사이 점진적으로 증가해 왔으며, 특히 공교육의 질과 접근성을 높이기 위한 노력이 꾸준히 이어졌다고 볼 수 있다. 다만 고등교육에 대한 정부 재정 비중은 당시에도 지금과 마찬가지로 상대적으로 낮은 편이어서, 고등교육 투자에 대한 구조적인 고민은 여전히 현재진행형이다.

광복 80년 : 한국을 만든 교육정책

16

아시아 최초 방송통신대학교: 고등교육기회 확대

 한국방송통신대학교는 영국 오픈 유니버시티(Open University)에 이어 세계에서 두 번째로 설립된 국립 개방대학이자, 아시아에서는 가장 먼저 문을 연 원격대학이다. 국내법상 최초이자 유일한 국립 원격대학으로, 규모 면에서나 인지도 면에서 단연 압도적이며, 학비 또한 저렴해 현재 약 9만 6천 명의 학생들이 학사과정에 재학 중이다.

 그 시작은 1972년, 서울대학교 부설 2년제 초급대학으로 '한국방송통신대학'이 설립되면서였다. 이후 1982년, 서울대학교에서 분리되어 5년제 국립대학으로 독립하며 '한국방송통신대학교'로 거듭났다. 당시 한국은 대학 취학률이 7%에 불과할 정도로 대학교육의 문턱이 높았다. 방송통신대학은 이러한 현실 속에서 일과 학업을 병행하려는 학생들에게 대안이자 기회의 장이 되었다.

 특히 1981년, 졸업정원제를 도입하며 방송통신대학의 위상은 5년제 학사과정의 독립 대학으로 격상된다. 졸업정원제는 입학은 정원의 130%까지 허용하되, 유급과 낙제를 통해 졸업은 정원의 100%로 제한하는 제도였다. 이에 따라 낙제자들이 학사 학위를 계속 취득할 수 있는 대안적 통로로 방송통신대학을 염두에 둔 것으로 판단된다.

그림 19. 1972년 3월 서울대 부설 한국방송통신대학 개교
(출처: 한국방송통신대학교 50년 발자취)

방송통신대학교는 대부분의 수업을 온라인으로 진행하면서도 일정 수준의 오프라인 출석수업을 병행하는 점에서, 다른 나라의 원격대학들과 차별화된다. 또한 한국은 중등교육 단계에서도 원격교육제도를 빠르게 도입했다. 1968년 교육법 개정을 통해 방송통신중학교 및 고등학교의 법적 기반을 마련했고, 1974년에는 공립학교의 시설을 주말에 활용하여 근로청소년들이 학업을 이어갈 수 있도록 제도화하였다. 이 과정에서 일부 공립학교 교사들은 방

송통신고등학교 교사로도 활동하며 학생들의 배움을 지원했다.

방송통신대학과 방송통신고등학교 제도는 공교육과 단절된 별개의 교육이 아니라, 국민들의 교육적 열망에 대응하여 공교육체제와 밀접히 연결된 국가차원의 정책이었다. 한국은 이 제도를 통해 초등교육의 보편화에 이어 중등, 고등, 그리고 대학까지 교육기회의 문을 단계적으로 넓혀왔고, 이는 교육을 통한 사회적 이동성과 평등을 실현하는 밑거름이 되었다.

지금은 평생교육차원에서 새로운 진로를 고민하는 사람들이 학업을 다시 시작할 수 있는 기회로 활용되고 있다. 또한 한국방송대학은 국가 재정이 넉넉지 않은 상황에서 추진된 한국방송대학교의 노하우를 유네스코 등 국제기구 사업 참여 등을 통해 타 국가의 원격교육시스템 구축 및 교육역량 향상을 위한 사업에도 적극 참여하고 있다. 어려운 재정여건 하에서도 세계적으로도 이른 시기에 이러한 제도를 성공적으로 운영해 온 한국 정부의 노력과 집행력에 국제사회는 주목하고 있다.

광복 80년 : 한국을 만든 교육정책

17

한명의 인재가 나라를 먹여 살린다:
영재교육

　1957년, 소련의 스푸트니크 인공위성 발사는 미국 사회에 큰 충격을 주었고, 곧이어 수학과 과학 분야의 영재교육 열풍을 불러왔다. 이 사건은 단지 우주 경쟁의 시작이 아니라, 국가 차원의 인재 육성 정책이 얼마나 중요한지를 각인시킨 역사적 순간이었다.
　한국 역시 비슷한 문제의식을 가졌던 시기가 있었다. 당시 정부는 미국 유학을 다녀온 학자들은 과학 실험과 연구 중심의 고등학교 설립 필요성을 주장했다. 그러나 당시의 정부는 "지금은 영재고가 아닌 공업고에 투자할 시기"라며 이들의 주장을 받아들이지 않았다. 이후 산업이 기술집약적으로 전환되기 시작한 1970년대 말, 고급 두뇌 양성의 필요성이 점차 현실로 다가왔고, 1980년대에 들어서면서 정부는 과학고등학교 정책을 본격적으로 채택했다.
　1982년 정부는 '과학기술교육진흥방안'을 수립하고, 이듬해인 1983년 국내 최초의 과학고인 경기과학고등학교를 설립했다. 향후 연차별도 1도 1 과학고를 설립한다는 계획을 확정하였다. 과학고 설립과 함께 영재조기발굴, 과학과목 필수화, 실험중심의 교육방법, 시설 개선 등이 이루어졌다. 당시 고등학교 평준화 정책이 강력히 추진되던 시점이었고, 과밀학급 문제가 완전히 해결되지 않았던 때였다. 이 와중에 10개 반, 반당 20명 규모의 소수정예 과학고를 설립하고, 우수한 시설과 교사를 배치한 것은 국가로부터 받은 특혜임에 틀림없다.

현재 전국에는 20개 과학고에서 매년 약 1,600명의 학생이 선발되고 있고, 2000년 이후 추가로 설립된 영재고등학교에서는 매년 800명의 학생이 선발되고 있다. 2002년 영재교육진흥법이 제정되어 영재교육 추진의 법적 기반을 정비하였다.

한국교육개발원 영재교육연구센터에서는 영재교육 국가통계를 담당하고 있는데, 2024년 영재학생은 모두 65,410 명으로 조사되었는데 초등학교 34,231명, 중학교 21,502명, 고등학교 9,677명이 포함되어 있다. 영재교육기관으로는 영재학급 937개, 교육청 영재교육원 251개, 대학영재교육원 92개, 영재학교 과학고 28개가 운영되고 있다. 분야별로는 수과학영재가 25,678명으로 가장 높은 비율을 차지하고, 수학, 과학, 발명, 정보, 외국어, 음악, 미술, 체육, 인문, 융합등의 분야의 영재들이 포함되어 있다.

과학고와 영재고의 도입은 분명 긍정적 효과를 가져왔다. 첫째, 과학에 대한 조기 흥미를 가진 학생들이 자신의 재능을 체계적으로 개발할 수 있는 경로가 마련되었다는 점이다. 일반고의 획일화된 커리큘럼에서는 찾아보기 힘든 수준 높은 실험, 연구, 세미나

활동을 통해 이공계 인재들은 학문적 깊이를 더할 수 있었다. 둘째, 국가 차원에서 과학기술 분야 인재의 조기 발굴과 집중 양성 체계를 갖춤으로써, 국제 과학 경시대회 수상자, 조기 유학자, 박사급 연구자로 성장한 사례들이 꾸준히 이어졌다. 셋째, 지역 과학고 설립을 통해 지방의 우수 인재들이 서울 중심의 교육에 의존하지 않고도 양질의 교육을 받을 수 있게 된 것도 중요한 성과 중 하나다.

그림 20. 세종에 위치한 세종과학예술영재학교 학생들의 실험모습
(출처: 세종과학예술영재학교 홈페이지)

최근 경기도 제2과학고 설립 논의가 불거지면서 과학고 제도 전반에 대한 관심이 다시 높아지고 있다. 과학고를 졸업한 학생 중 상당수의 졸업생이 의대로 진학하거나 민간 기업으로 진로를 변

경하면서, 국가의 재정 지원이 본래의 목적에 부합하지 않는다는 지적도 제기되고 있다.

한 명의 창의적 인재가 국가의 미래 산업과 사회적 가치 창출을 이끌 수 있는 시대, 영재교육의 필요성은 더욱 분명해지고 있으나 현재의 선발 구조와 졸업생 진로에 얽힌 문제들은 개선이 필요한 부분이다. 과학에 대한 진정한 재능과 탐구심을 지닌 인재들이 선발되고, 이들이 과학 분야에서 지속적으로 역량을 발휘할 수 있도록 제도적 장치를 마련할 필요가 있다. 그래야만 과학 영재교육이 국가 경쟁력의 핵심인 세계 수준의 연구자를 길러내는 참된 통로로 자리 잡을 수 있을 것이다.

광복 80년 : 한국을 만든 교육정책

18

전문대학 제도의 발전:
학위보다 취업이 중요해

한국에서 전문대학은 산업분야에 필요한 실무형 인재를 양성하기 위한 중요한 고등교육기관이지만, 전체 고등교육 재학생 약 300만명중 492,000명으로 전문대학 재학생의 비율은 약 16 %에 불과하다. 이는 미국과 독일 등의 경우 2년제 대학 학생수가 3분의 1이상임에 비교하여 매우 낮은 수치이다.

이마저도 대부분이 사립대학에 재학하고 있어 공공성을 기반으로 한 전문기능인력 양성체제가 상대적으로 약하다는 평가를 받는다. 더욱이 1997년 대학정원 자율화 이후 일부 전문대학이 4년제로 전환되거나 일반대학에 통합되는 경우가 늘어나면서 전문대학의 규모는 점차 위축되고 있다. 우리나라의 경우 4년제 대학진학률이 높아 졸업 후 취업 경쟁이 높으며, 일부 학생의 경우 취업이 잘되는 전문대학에 다시 지원하는 경우도 등장하고 있다.

전문대학의 법적 형태가 확립된 것은 1979년이다. 당시까지는 초급대학, 5년제 실업고등전문대학, 2년제 전문학교 등 다양한 형태의 단기 고등교육기관이 운영되고 있었으나, 1979년 전문대학으로 통합되면서 체계적인 실무 인재 양성이 본격화되었다. 이 해를 기점으로 한국교육개발원의 전문대학 관련 통계도 시작되었다.

전문대학은 1980년대에 들어 급격한 성장을 경험했다. 입학 정원이 크게 늘어나면서, 1979년 75,205명이던 전문대학 재학생 수는 1985년에는 242,114명으로 6년 만에 3.2배 증가하였다. 학과 수 역시 산업 수요에 맞춰 빠르게 늘었다. 1979년부터 1984년까지 5년 동안 학과 수는 51% 증가했고, 학과의 종류도 44% 늘어났다. 특히 1980년대 말에는 전문대학 설립인가 기준이 완화되면서 전문대학의 학생수가 증가하였다.

당시 정부의 정책은 단순한 양적 팽창에 그치지 않았다. 1980년대는 오일쇼크로 인한 경제 침체와 정원의 급격한 확대로 실업률이 높아지던 시기였다. 정부는 이에 대응해 전문대학 교육의 질 향상을 위한 다양한 정책을 추진했다. 산업체가 요구하는 역량을 반영하기 위해 직무 분석을 통한 교육과정 개발, 교수역량 강화를 위한 국내외 연수, 차관을 통한 재정지원 등이 이뤄졌고, 전문대학평가제를 통해 질 관리에도 착수했다.

제5공화국 정권 말기 교육개혁심의회는 전문대학 육성방안을 수립해 차기 정부로 이어졌고, 제6공화국 정부는 산업 수요에 부응하는 전문대학 설립과 정원 확대 정책을 적극 추진했다. 그러나 이로 인해 무분별한 전문대학 설립이 이어졌다는 비판도 동시에 제기되었다.

그림 21. 전문대학교에서 요식업을 전공하는 학생들의 수업모습
(출처: 한겨레)

이처럼 한국의 전문대학은 3·4 공화국 시절 실업계 고등학교 육성 정책의 연장선에서, 5·6 공화국의 전문대학 정원 확대 및 산학협력 기반 구축, 그리고 문민정부 이후의 재정지원 확대와 우수전문대발굴로 이어지는 흐름 속에서 발전해 온 것으로 평가되고 있다.

현재 한국에 주어진 과제는 양적 팽창을 넘어서, 산업 변화에 부응하는 질 높은 실무 교육과 공공성을 갖춘 인재 양성 체계를 어떻게 다시 강화할 것인가에 있다. 이 점에서 전문대학의 미래는 여전히 한국 고등교육의 중요한 축으로 남아 있다.

초등교원 양성시스템 개편: 우수교사 확보

한국의 교사의 역량은 매우 뛰어나다. 특히 2010년까지도 교육대학에는 내신 성적이 최상위권인 학생들이 입학하였고, 초등학교 교사는 많은 학생들이 선망하는 직업이었다. 실제로 세계에서 교사 집단의 평균적 성취 수준이 가장 높은 나라 중 하나가 한국이라는 평가도 과언이 아니다.

새롭게 교육계에 진입하는 교사들의 역량은 매우 뛰어나며, 이는 교육의 질을 높이는 중요한 요소로 작용해 왔다. 한국은 경제협력개발기구(OECD) 선진국에 비해 학급당 학생 수가 높은 편이지만, 우수한 교사들의 전문성과 헌신 덕분에 학생들의 학업 성취도는 꾸준히 세계에서 상위권을 유지해 왔다고 생각한다.

제1 공화국 시기, 정부는 전 아동을 대상으로 초등 의무교육을 실현하고자 대규모 교원 양성에 나섰다. 1949년 제정된 〈교육법〉에서는 사범학교의 수업연한을 3년으로 하고 중학교 졸업자를 입학대상으로 하였다. 사범학교의 기원은 1895년 한성사범학교에 있으며, 일제시대에 법제화되었다. 제 1공화국 이후 의무교육을 추진을 위해 1953년에 18개까지 확대되었으며, 이들은 광복 이후1950년대까지 초등교원 양성의 주축을 이루었다.

초등교육인구의 증가에 따라 사범학교 졸업생만으로는 교원의 수요를 충족시키기 어렵게 되자, 이들 사범학교에 단기 강습과정이나 임시초등교원양성소를 부설함과 동시에 각 도에는 초등교원양성소를 설치하였다. 1950년대에 설치된 임시초등교원양성소는 수급사정의 완화와 조절에 따라 1958년까지 모두 폐지되어 초등교원양성은 전문양성기관인 사범학교로 일원화되었다.

이러한 사범학교는 1962년 2년제 대학기관으로 개편되었고, 이후 교원의 전문성 강화를 목적으로 1981년 4년제 대학으로 전환되었다. 이처럼 초등교사가 4년제 대학에서 양성되기 시작한 것은 비교적 오래전 일이다. 1965년 당시에는 13개 2년제 대학에서 약 5,920명의 학생이 재학 중이었으나, 1980년에는 9,425명, 1985년에는 18,174명으로 급증하였다. 2024년 현재는 약 14,573명이 교대에 재학 중이다. 1945년 전국적으로 19,729명이었던 초등학교 교사는 현재 2020년 기준 189,286명으로 10배가 증가하였다.

교육분야 국제개발협력가들은 한국의 빠른 속도의 높은 초중등 취학률 달성과 교원 양성 속도에 궁금해한다. 더불어, 어떻게 최고 수준의 학생들이 교사가 되기를 희망하는지에 대한 궁금증을 가지고있다. 산업기반이 거의 없고 재정적으로도 열악했던 시기였지만, 정부는 국가 예산의 10% 이상을 교육에 투자하였고, 그

중 70% 이상을 초등교육에 집중함으로써 짧은 시간 안에 초등 의무교육을 안정화시킬 수 있었다. 학생수 증가를 추계하고 일시적으로 단기과정을 개설하여 교원양성을 확대하기도 하였다.

그림 22. 전쟁중 천막학교
(출처: 국가기록원)

교원의 양적 확대와 더불어 1970, 80년대 단행된 2년제, 4년제로의 전환 등 양성기관의 질적 전환은 교사의 전문성과 사회적 인식에도 큰 변화를 가져왔다. 또한 경제가 발전하면서 교사의 보수 수준이 향상되고 학급당 학생 수가 줄어들면서 근무 여건도 크게 개선되었다. 이는 결국 우수한 인재들이 교직을 선택하도록 만드는 주요 요인이 되었다. 현재 교원의 보수는 초임교사의 경우 OECD 평균보다 낮으나, 15년 경력이상의 경우 OECD 평균보다 높은 수준이다.

그러나 1990년대 이후 고등교육 진학률이 70%를 넘기고, 학부모들의 학력이 교원 수준과 동등하거나 더 높아지면서, 일부에서는 교사에 대한 존중의 문화가 약화되고 있다는 지적도 제기되고 있다. 또한, 교사의 교육활동에 대해 일부 학부모의 간섭이 과도하게 나타나며, 교권보호에 대한 문제의식이 확대되고 있다.

이렇듯 한국 초등교사의 수준은 세계 최고라 할 수 있을 만큼 높으며, 그 기반에는 교육에 대한 국가의 집중 투자, 교사 양성 시스템의 지속적 개선, 그리고 사회 전반의 교직에 대한 존경의식이 자리하고 있다. 초등학교 교사는 아이들에게 부모만큼이나 큰 영향을 미치는 사람일 것이다. 아이들을 사랑하고 우수한 인재들이 지속적으로 들어오고 만족스러운 직장생활을 할 수 있는 환경을 같이 만들어 가야 할 이유이다.

5.31 교육개혁:
공급자 중심에서 수요자 중심 교육으로

대한민국 교육정책의 큰 전환점을 꼽자면 단연 1995년 5월 31일 발표된 '5·31 교육개혁'을 들 수 있다. 당시 김영삼 대통령은 문민정부의 출범과 함께 교육개혁위원회를 출범시키며 "교육대통령"을 자임했고, 시대적 변화에 맞는 새로운 교육 패러다임을 천명했다. 세계화와 정보화라는 거대한 문명사적 변화에 대응하기 위해, 교육은 더 이상 국가 주도의 획일적 관리체계를 벗어나야 했다.

1995년 발표된 『신교육체제 수립을 위한 교육개혁방안』, 이른바 5·31 교육개혁안은 단순한 입시 개선을 넘어 한국 교육의 전반적인 틀을 새롭게 세우려는 대대적인 시도였다. 총 9개 분야에 걸쳐 48개 과제를 담고 있는 이 개혁안은, 대통령에게 보고된 후 국무총리를 위원장으로 한 교육개혁추진기획단이 주도하여 구체적인 실행 방안을 논의했고, 교육부와 교육청, 학교 현장으로 단계적으로 확산되었다.

개혁안의 완성도를 높이기 위한 과정도 매우 광범위하게 진행되었다. 교육개혁위원회는 200여 차례의 소위원회, 50여 차례의 운영위원회를 열어 안건을 세밀하게 검토했고, 전국의 80여 개 학교를 직접 찾아가 교사와 교육 관계자들의 의견을 청취했다. 두 차례의 여론조사와 440건 이상의 국민 제안을 접수하여 이를 반영했으며, 선진 8개국의 교육개혁 사례를 조사하기 위해 해외 현장 방문도 진행했다. 아울러 공청회와 정책 간담회를 수차례 개최하고, 10여 차례에 걸쳐 당·정 협의 등을 통해 개혁안의 실현 가능성과 사회적 수용성도 면밀히 점검했다.

그림 23. 김영삼 대통령 교육개혁위원회회의주재(1997) 및 교육개혁방안
(출처: 대통령기록관)

이러한 과정을 거쳐 마련된 5·31 교육개혁안은 학점은행제 도입, 대학 자율화 확대, 학교운영위원회 설치, 자기주도학습 강화,

고등학교 다양화, 교원 제도 개선, 교육재정 확충 등 다양한 제도를 포함하고 있으며, 이후 한국 교육개혁의 방향을 '개방성, 자율성, 다양성, 수월성'으로 전환하는 데 큰 역할을 하였다. 오늘날에도 이 개혁안은 한국 교육정책의 큰 전환점 중 하나로 평가된다.

5.31 개혁안의 핵심은 '자율성과 다양성'이었다. 대표적으로, 정부의 엄격한 규제 아래 있던 대학 설립과 정원 조정 권한이 대학에 이양되었고, 대학은 정해진 기준을 충족하면 자율적으로 교육을 운영할 수 있게 되었다. 이는 자율성을 가진 교육기관 간의 경쟁을 통해 질적 성장을 유도한다는 과감한 시도였다.

고등학교 교육에서도 다양한 학교 형태를 인정하고 학생과 학부모의 선택권을 확대하는 방향으로 정책이 전환되었다. 입시제도 또한 국가주도형에서 대학 중심으로 재편되었고, '학교생활기록부제'가 도입되는 등 보다 다양한 평가 방식이 등장했다. 이러한 개혁이 가능했던 이유는 대통령의 강한 의지와 범정부적 참여, 그리고 교육에 대한 전폭적인 투자 덕분이었다. IMF로 다시 위축되기는 하였으나, 이 개혁을 계기로 국내총생산(GNP: Gross National Product)의 5% 수준으로 교육예산이 확대되었고, 이는 이후 다양한 교육 인프라 개선과 정책 실현에 큰 동력이 되었다.

주요 개혁 정책에는 학점은행제 도입, 원격교육 기반 마련, 대학의 특성화·국제화 추진, 학교운영위원회 설치, 영재교육 강화, 교원 승진제 개선 등 폭넓은 내용이 포함되었다. 이는 단지 제도의 변화가 아니라, 교육의 철학을 '통제에서 자율로, 획일에서 다양성으로' 전환한 시도였다.

물론 이후 교육기관의 자율화 역량이 개혁초반 높지 않았던 상황에서, 정책의 지속성과 제도화에는 한계와 부작용도 있었고, 오늘날의 교육 현장에서 여전히 해결되지 않은 과제들도 존재한다. 하지만 5·31 교육개혁이 남긴 가장 큰 유산은 '전면적인 개혁을 시도한 용기'와 '교육은 시대의 요구를 반영해야 한다'는 원칙이다.

30년 가까운 시간이 흐른 지금, 우리는 또 한 번 교육의 대전환기를 맞이하고 있다. 인공지능과 초고령화 사회로 이어지는 변화 속에서, 5·31 교육개혁이 남긴 정신은 오늘날에도 여전히 우리에게 유효한 질문을 던지고 있다. 앞으로의 교육은 어떤 방향으로 나아가야 하는가?

대학설립 준칙주의, 대학정원 자율화: 시장원리의 한계

1995년 5.31 교육개혁의 조치들 중 가장 먼저 변화를 가져온 부분은 고등교육 부분이다. 정부는 대학의 자율성을 확대하기 위한 규제완화정책을 추진하였고, 대표적인 정책이 대학설립준칙주의와 대입정원자율화이다. 교육개혁위원회는 획일적인 학교 설립 기준을 지양하고, 대학의 설립 목적과 학교의 특성에 따라 대학 설립 기준을 다양하게 규정하여, 일정 기준을 충족하면 학교를 자유롭게 설립할 수 있도록 한다는 준칙주의를 제안하였다. 대학설립준칙제정위원회에서 연구한 결과보고서를 토대로, 정부는 1996년 7월 「대학설립운영규정」(1996.7.26)을 제정·공포하였다.

이 정책과 대학정원자율화 조치를 통해 많은 대학이 설립되고 대학의 정원이 늘어났으며, 한국은 1997년 취학률 50% 이상 수준인 고등교육보편화 단계로 단숨에 진입하게 되고 지금은 70% 수준에 도달해 있다.

한국인의 대학입학에 대한 열망은 언제부터 시작된 것일까?

1970년대까지만 해도 한국의 고등교육 취학률은 8% 이하 수준에 머물러 있었다. 당시만 해도 대학을 나온 사람들의 취업률이 낮고 산업발전 수준이 개발도상국 수준에 머물렀던 상황에서 정권 중반까지도 대학정원을 오히려 줄이기 위한 정책을 추진하였다. 그러나 수출산업의 호조에 따라 대졸인력이 필요하게 되고 고등학교 졸업자들이 급증하면서 대학경쟁률이 급격이 높아졌고 70년대 말 정부는 정원을 점진적으로 늘린다는 방향으로 선회하였다.

대학정원이 본격적으로 늘어난 것을 1980년 7.30 교육개혁조치에 따른 졸업정원제 실시에 따른 것임을 앞 글에서 언급한 바 있다. 과도한 대입경쟁률을 완화하기 위해 입학 시에 정원보다 30% 이상 선발하여 졸업 시에 초과인원을 낙제시키도록 한 졸업정원제 실시에 따라 우리나라 고등교육은 엘리트 교육에서 취학률 15% 이상 단계인 대중교육단계로 전환한다. 이후 취학률은 35%까지 올라가게 되었고 노태우 정권시절 이공계 및 전문대 인력 필요에 따른 전문대설립 완화조치로 거의 50% 수준에 이르는 정도까지 증가하였다.

취학률이 거의 50%까지 이르렀음에도 불구하고 대학정원에 대해 정부가 강력하게 규제하는 동안 발생된 대졸자와 고졸자와의 임금격차 및 사회적 인식 등의 원인으로 대학을 가야 한다는 사회의 수요는 여전히 높았고, 이러한 수요가 있는 상황에서 대학설립준칙주의가 도입되면서 다수의 소규모 사립대학들이 설립되고 또한 대학의 정원이 확대되었다. 당시 대학설립운영규정 개정을 통해 소규모대학 설립에 대한 기준이 낮아진 것도 원인이었다. 준칙주의를 주장한 전문가들은 변화하는 산업과 국제환경에 능동적으로 적응하기 위해서는 소규모 강소대학이 유리하다는 주장도 하였다.

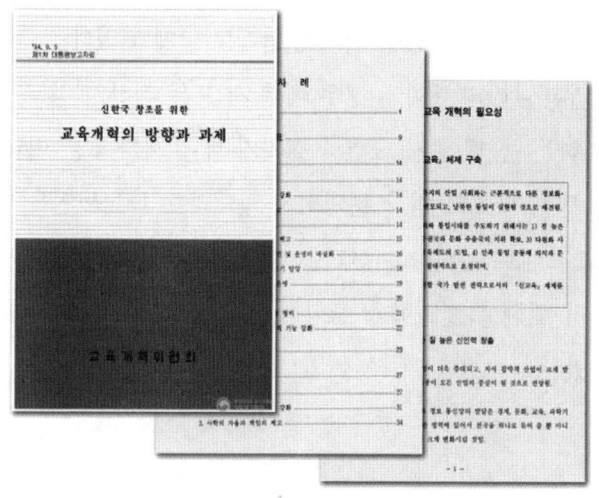

그림 24. 제1차 대통령 보고자료 신한국 창조를 위한 교육개혁의 방향과 과제
(출처: 대통령기록관)

대학설립준칙주의에 대해 교육부에서는 90년대 중반 이미 50% 수준 취학률로 사회적 필요인원을 초과한 상태라는 근거로 막판까지 반대하였으나, 결국 결정권을 가진 교육개혁위원회의 주장이 채택되게 되었다고 알려져 있다. 그러나 이 정책은 3년이 지나지 않아 고등교육인구의 과잉으로 인해 사회의 비효율성을 가져오고 대학설립자율화가 교육의 질을 담보하지 못하는 소규모 대학 설립만을 남발한다는 지적에 따라 다시 대학설립심사를 엄격하게 하고 대학의 구조조정을 추진하는 방향으로 전환한다.

당초 대학설립준칙주의를 도입할 당시, 찬성하는 측은 대학교육에도 시장과 경쟁의 원리를 도입하여 스스로 혁신하는 대학은 소비자로부터 선택받게 하고 그렇지 않은 대학의 경우 시장에서 자율적으로 도태될 것이라 주장하였으나, 대학퇴출을 위한 까다로운 법적절차는 대학폐쇄를 어려운 난제로 남게 되었다.

또한 우리나라의 대학의 경우 폐쇄 시 모든 재산이 정부에 귀속하도록 하는 등 폐쇄 시 요건과 절차가 매우 까다롭다. 이러한 조항들로 인해 학교가 정상 운영되지 않더라도 학교법인을 폐쇄하지 않고 그대로 유지하는 선택을 하고 있다. 2025년 7월 폐쇄를 촉진하기 위한 특별조항을 포함한 법률개정안이 국회 본회의를 통과하였다.

광복 80년 : 한국을 만든 교육정책

22

학교용지 부담금:
아파트 옆 학교는 누가 짓는가?

새로운 도시를 방문할 때면 나도 모르게 학교를 먼저 찾게 된다. 도심 속 학교는 얼마나 많을까, 아이들이 집에서 학교까지는 얼마나 걸릴까, 그런 생각이 자연스레 들곤 한다. 특히 개발도상국을 여행할 때는 그런 습관이 더욱 두드러진다. 예컨대 필리핀 마닐라의 신시가지 보니파시오 글로벌 시티(BGC)에서는 세련된 고층 아파트가 즐비하지만, 정작 공립 초등학교나 중학교를 찾기란 쉽지 않다.

반면, 한국은 사정이 다르다. 도시든 농촌이든, 새로 조성된 아파트 단지를 가보면 그 옆에는 어김없이 초등학교나 중학교가 자리 잡고 있다. 교육 접근성은 전국 어디를 가도 상대적으로 평등하게 유지되고 있으며, 이것은 대한민국 교육정책의 큰 강점 중 하나로 손꼽힌다. 그렇다면 이처럼 체계적으로 갖춰진 학교는 누가 짓고, 그 비용은 누가 부담하는 것일까?

바로 여기에 등장하는 것이 '학교용지부담금 제도'이다. 1990

년대 중반부터 대규모 도시개발이 활발해지자 정부는 주거시설의 공급과 함께 교육 인프라도 함께 확보할 수 있는 법적 장치를 마련했다. 그 결과 1996년 「학교용지 확보 등에 관한 특례법」이 제정되었고, 이후 개발사업자가 학교 설립이나 증축에 필요한 비용의 일부를 부담하는 구조가 만들어졌다.

이 제도에 따르면, 100세대 이상 규모의 공동주택 분양 사업을 시행하는 경우, 건설사는 분양가의 약 0.8%를 학교용지부담금으로 납부해야 한다. 단독주택 용지 개발의 경우에는 이 비율이 1.4%까지 올라간다. 이렇게 조성된 부담금은 해당 지역 내 학교를 신설하거나 기존 학교를 증축하는 데 사용된다. 주거지역 개발로 인해 유입될 학령인구를 고려한, 일종의 선제적 교육투자인 셈이다. 이러한 제도에 기인하여 2000년 초등학교 5,267, 중학교 2,731교였던 것이 2020년 각각 6,120개교, 3,223개교로 증가하였다.

이 제도는 대한민국의 교육 공공성을 재정적으로 뒷받침하는 수단 중 하나로, 지방교육재정교부금 제도와 함께 중요한 축을 형성하고 있다. 지방교육재정교부금은 내국세의 일정 비율(현재 약 20.79%)을 지방 교육청에 자동적으로 배분하는 제도로, 국가 차원의 안정적인 교육재정 확보를 위한 장치다. 학교용지부담금은 이와 별도로 민간 개발로 인해 새로 발생하는 교육 수요에 유연하게 대응하는 보완적 역할을 한다.

비슷한 사례는 해외에서도 찾아볼 수 있다. 미국이나 영국, 호주 등에서는 주거지 개발 시 개발사로 하여금 학교 건립 비용은 물론

학교까지의 도로와 교통 인프라, 심지어는 학교 운영비 일부까지 부담하도록 하는 경우도 있다. 이는 교육 인프라를 도시계획의 핵심 요소로 보는 정책적 관점에서 비롯된 것이다.

그림 25. 1970년대 반포지구 남서울아파트(현 반포아파트) 모습
(출처: 국가기록관)

학교용지부담금 제도는 최근 몇 년 사이 새로운 도전에 직면해 있다. 우선 학령인구가 급격히 감소하면서, 더 이상 학교를 새로 지을 필요가 있는가에 대한 의문이 제기되고 있다. 어떤 지역은 인구 유입이 아닌 감소가 문제인데도, 제도에 따라 학교 설립 비용이 징수되는 상황이 발생하기도 한다. 또한, 건설사에게 부과된 부담금이 궁극적으로는 분양가에 반영되어 입주민에게 전가된다는 지적도 나오고 있다.

23

대학재정 지원:
평가 기반 재정지원 시작

오늘날 한국의 대학들은 정부 재정지원 사업을 따내기 위해 치열한 경쟁을 벌이고 있다. 수많은 대학이 각자의 발전계획을 제시하고, 경쟁력 있는 전략을 구상하여 정부재정지원사업 대상대학에 포함되기 위해 노력한다. 그렇다면 이와 같은 경쟁 체제는 언제부터 시작된 것일까? 대학에 대한 정부 재정지원은 어떤 흐름 속에서 발전해 왔을까?

한국은 중등교육까지는 사립학교를 포함해 공립과 동일한 수준의 일괄적인 재정지원을 시행하고 있다. 교원의 보수는 물론, 시설 개축과 같은 재정적 뒷받침도 포함된다. 그러나 고등교육, 즉 대학에 대해서는 전혀 다른 방식이 적용된다. 일괄적인 지원 대신, 특정한 목적이나 필요에 따라 선별적이고 제한적인 재정지원이 이루어지는 것이다.

본격적인 대학 재정지원은 1990년대 중반에 들어서야 시작되었다. 이전까지는 국립대학을 중심으로 소규모 예산이 일률적으로 배분되었고, 사립대학에 대한 지원은 거의 없었다. 1990년 당시 국내 총생산(GDP) 대비 고등교육 예산은 1.3%에 불과했으며, 정부가 부담하는 비율은 0.3%에 지나지 않았다. 2000년에 이르러서는 각각 2.02%와 0.6%로 상승하였지만, 여전히 OECD 국가들의 고등교육 투자 수준에 비하면 매우 낮은 수치였다.

재정지원 방식 또한 큰 변화를 겪었다. 1995년 전체 고등교육 재정지원 중 88%는 동일한 산식에 의해 일반지원 형식으로 배분되었지만, 2003년에는 이 비율이 64.8%로 감소했고, 나머지 35.2%는 평가를 통해 선발된 대학에 목적지원을 하는 방식으로 바뀌었다. 특히 1993년까지는 주로 교사 신축 등 물리적 기반에 집중된 예산이었지만, 1994년 이후부터는 교육 개혁과제의 성과를 중심으로 한 평가 기반 지원이 강화되기 시작했다.

표 3. 일반지원과 특별목적지원 비율 (단위: 10억 원 . %)

계	1991	1993	1995	1997	1999	2001	2003
일반지원	1,509 (100.0)	2,355 (100.0)	4,778 (88.8)	7,869 (82.4)	7,508 (100.0)	6,961 (67.0)	7,514 (64.8)
특별지원	-	-	600 (11.2)	1,679 (17.6)	3,564 (32.2)	3,425 (33.2)	4,077 (35.2)
계	1,509 (100.0)	2,355 (100.0)	5,378 (100.0)	9,548 (100.0)	11,072 (100.0)	10,386 (100.0)	11,591 (100.0)

출처: Kim(2014), Lee Young and Ban Sang-jin (2004)

이러한 변화는 대학들에게 자율성을 부여하는 동시에 경쟁을 유도했다. 이전까지 대학의 서열은 단순히 얼마나 우수한 학생이 입학했는지에 따라 결정되었다. 대학 입시에서 학생이 하나의 대학만 지원할 수 있었던 시절, 입시 점수만으로 대학의 위상이 구분되곤 했다. 그러나 1995년 5.21 교육개혁안에 대학평가 및 재정지원 연계 강화 방안이 포함되었고 이후, 정부는 대학에 대한 규제를 점차 완화함과 동시에 그 자율성을 활용해 각 대학이 강점 분야를 특성화하고 교육의 질을 제고할 수 있도록 유도했다. 이는 곧 경쟁을 통해 대학이 성장하도록 만드는 정책 방향이었다.

　이러한 정책변화로 인해 평가를 통한 재정지원을 통해 학문과 연구의 공간으로 여겨지던 대학을 사업체처럼 취급한다는 비판을 받게 되었다. 지식을 생산하는 상아탑이 정부의 평가 틀 안에서 예산을 배정받는 방식은 당시 대학사회에서 거부감과 반발을 불러일으켰다. 이러한 비판은 지금까지도 재정지원 사업이 추진될 때마다 반복되고 있다.

　그럼에도 불구하고 대학에 대한 평가 기반 재정지원 패러다임은 한국 고등교육 경쟁력 강화의 전환점이 된 것은 부인할 수 없다. 자율성과 경쟁이라는 두 축은 현재도 고등교육 정책의 핵심 원리로 작용하고 있으며, 대학들은 여전히 그 사이에서 균형을 찾기 위해 고군분투하고 있다. 앞으로 이 체제가 어떻게 변화하고 진화할지는 한국 고등교육의 미래를 결정짓는 중요한 과제가 될 것이다.

대학수학능력시험:
진실로 공정한 시험인가?

    대한민국의 교육정책 가운데 가장 큰 비중을 차지하는 제도 중 하나는 단연 대학수학능력시험, 이른바 수능이다. 수능은 1994년 처음으로 도입되었으며, 교과목 중심의 지식 암기식 평가에서 벗어나, 분석력과 문제 해결력을 측정할 수 있도록 교과 통합형 평가로 개발되었다. 수능 이전에는 대학예비고사, 대학입학 학력고사 등 국가시험을 실시하여 대학입시에 활용해 왔다.

    수능은 1985년 부터 1987년까지 운영된 교육개혁심의회에서 최종보고서에 대학입학 학력고사를 대체할 시험도입 방침이 포함된 이후, 수년간의 연구와 시범 시행을 거쳐 1994년 정식으로 대학입시에 적용되었다. 현재 수능은 외국어, 국사, 직업탐구 과목을 제외하고 표준점수에 기반한 상대평가 방식을 취하고 있으며, 응시자의 과목별 표준점수, 백분위, 등급정보(1~9등급)가 제공된다.

    수능은 매년 1회, 한국교육과정평가원의 주관 아래 전국적으로 실시된다. 출제를 맡은 전문가들은 시험 시행 전 약 40일간 외부와 차단된 환경에서 문제를 출제하고 검토하는 작업을 거친다. 시험 문항은 고등학교 교육과정의 범위를 벗어나지 않아야 하며, 이미 공개된 기출문제나 시중 문제집에 실린 문제들과 중복되지 않도록 철저히 관리된다.

그럼에도 불구하고 수능은 때때로 '오답 논쟁'에 휘말리기도 한다. 오답 인정 여부는 단순한 정정 이상의 파급력을 지니며, 하나의 문항이 특정 과목의 등급 커트라인에 영향을 미칠 수 있다. 예컨대, 물리 과목의 오답이 인정되면 관련 학생들의 등급이 올라갈 수 있고, 이는 수혜를 받지 못한 학생들과 다른 과목을 선택한 수험생들에게는 상대적으로 불이익이 될 수 있다. 화학 과목 응시생의 학부모들이 물리 과목 오답 인정에 반대의견을 표하는 이유도 이러한 맥락이다.

수능이 도입된 이후 30여 년이 지난 현재, 수능 시험 당일은 한국 사회 전반이 움직이는 특별한 날로 자리 잡았다. 경찰차가 수험생 수송을 지원하고, 관공서의 출퇴근 시간이 조정되며, 영어 듣기 평가 시간 동안 항공기 이착륙이 중단되는 진풍경이 연출된다. 이러한 전 사회적 지원은 외국인의 눈에는 이례적으로 비칠 수 있지만, 이는 수능이라는 시험이 한국사회에서 갖는 공정성과 중립성에 대한 국민적 신뢰를 유지하기 위한 일환이라 할 것이다.

물론 수능이 완벽한 제도는 아니다. 수능을 잘 본 학생이 반드시 가장 학업 능력이 뛰어난 학생이라고 단정할 수는 없다. 시험 당일의 컨디션, 긴장, 사소한 실수 등이 결과에 큰 영향을 미칠 수 있기 때문이다. 킬러문항의 필요성에 대한 논쟁도 존재한다. 그러나 다양한 입학 전형이 병행되고 있음에도 불구하고, 수능 전형이 여전히 가장 공정한 방식이라는 인식이 강하게 자리 잡고 있다. 이는 무엇보다 '동일한 시간, 동일한 문제'를 기준으로 경쟁이 이루어진다는 구조 때문일 것이다.

그림 26. 수능시험당일 자녀들의 시험을 기원하는 학부모의 모습
(출처: 한국대학신문)

대학입시 제도는 초·중·고 교육 전반에 막대한 영향을 미치며, 그만큼 지속적인 개선 요구에 직면해 왔다. 역대 정부 역시 수능 제도의 문제점을 지적해 왔으나, 제도 변경은 필연적으로 새로운 불만과 문제를 낳는다. 수험생마다 처한 상황이 다르기 때문에, 어떤 변화도 전 국민의 만족을 이끌어내기는 어렵다. 이러한 상황

에서 정부는 다수의 학부모와 교사의 공감대를 확보하고, 사교육 의존도를 줄이며, 대학이 우수한 인재를 선발할 수 있는 제도로 운영되기 위해 노력하고 있는 것으로 믿는다.

현재 수능 제도 개편이 사회적 이슈로 부상하고 있다. 현재의 상대평가 방식에서 절대평가 방식으로의 전환이 필요하다는 견해도 있다. 대학의 자율성과 대학입시의 초중등교육에 미치는 영향, 사교육의존가능성, 교육기회의 형평성에 미치는 영향 등 다수의 변인을 고려해야 하는 복잡한 방정식일 것이다. 그리고 정부의 의도와는 달리 사교육시장의 대응에 따라 의도치 않은 결과들이 도출됨에 따라 여러 단계의 시장의 반응을 예측하고 이에 대한 대비책을 같이 마련해야 하는, 매우 어려운 일임에 틀림없다.

Brain Korea 21:
고등교육 혁신의 시작

누가 "BK21(Brain Korea 21)"이라는 이름을 처음 지었는지는 알 수 없지만, 이보다 더 잘 지은 이름은 없을 것이다. 21세기의 한국 두뇌를 양성하겠다는 의지를 담은 이 사업명은 단순한 표현을 넘어, 국가의 미래를 설계하는 청사진이었다. 모스크바에 위치한 러시아 국가과학재단 건물 꼭대기에는 금색 직사각형 조형물이 미로처럼 얽혀 있는데, 이는 인간의 두뇌를 형상화한 것이라고 한다. 아마도 러시아가 미국과의 기술패권 경쟁 속에서 '고급 두뇌'의 중요성을 강조한 상징물이 아닐까 생각해 본다.

BK21 사업은 1999년 국민의 정부 시절 시작되었으며, 한국 정부가 고등교육 분야에 대규모 투자를 본격적으로 시작한 최초의 사업으로 평가된다. 그 이전에도 국공립대학을 중심으로 시설 확충이나 교육 기회 확대를 위한 지원 사업들이 존재했지만, 주로 학교 규모에 따라 예산을 배분하는 방식이었다. 반면 BK21은 우수한 연구 역량을 가진 대학을 선별하여 연구개발, 연구성과의 상업화, 학문후속세대 양성을 지원하는 장학금 및 해외 연구활동 지원 등 보다 전략적이고 집중적인 지원을 시작했다.

당시 김대중 정부는 단순히 기술을 따라가는 국가가 아니라, 기술발전을 선도하는 국가로 도약하자는, 당시로서는 대담한 비전을 세웠다. 이에 따라 1999년부터 매년 약 2,000억 원 규모의 예산을 72개 대학, 438개 연구단에 지원하기 시작했다. 초기에는 서울대학교를 세계적 수준의 대학으로 육성하는 것을 목표로 삼았으나, 대규모 지원을 앞두고 타 대학들의 반발이 이어지면서 정부는 수혜 대상을 서울대 중심에서 전국 주요 대학으로 확대하게 되었다.

BK21 이후 한국의 연구성과는 눈부신 성장을 거듭했다. SCI급 논문 수는 1998년 세계 18위에서 2017년 12위로 상승했으며, 특허 출원은 세계 5위, 전일제 연구원 수는 세계 6위에 오르는 성과를 이뤘다. BK21 사업은 20년이 넘는 기간 동안 네 차례에 걸쳐 단계적으로 진화해 왔다. 1단계에서는 연구중심대학 체제로의 전환을 위한 학부 정원 감축과 연구비 중앙관리제를 도입했고, 2단계에서는 지식이전 세계 10위권 진입을 목표로 했다. 3단계는 글로벌 연구역량 강화에 초점을 맞췄으며, 현재 진행 중인 4단계 사업은 4차 산업혁명 시대를 선도할 첨단기술 인력 양성에 주력하고 있다.

BK21의 성공은 여러 국가의 전문지에서도 높게 평가되었고, 국내 연구자들 역시 대체로 긍정적인 평가를 내리고 있다. 美고등교육전문지 『The Chronicle of Higher Education』('04.7)는 '과거 10년간 세계 과학계는 한국의 대학들을 별로 눈여겨보지 않았으나 최근 이 나라의 연구진이 내놓고 있는 깜짝 놀랄만한 논문들과 연구 성과들을 주목하고 있다'며 '이는 정부가 BK21사업을 통해 대학 재정지원을 우수 연구 대학에 집중한 결과'라고 평가하였다. 또한 도이체방크(Deutsche Bank)연구소 연구 보고('05.8)서는 '인적 자본이 성장의 열쇠(Human Capital is the Key to Growth) 라고 언급하고 BK21사업은 대표적인 성공사례이며, 연구 인프라와 대학원 교육질 제고를 통해 핵심 고급인력을 양성하는 프로그램으로 소개된 바 있다.

그림 27. 2017년 BK21 플러스 우수연구인력 표창 시상식 모습
(출처: 한국대학신문)

그러나 한편으로는 사립대학에도 동일한 조건으로 지원이 이뤄

지면서 지방 국립대학이 우수 인재를 수도권 사립대학에 빼앗기는 부작용이 있었다는 지적도 존재한다. 1990년대 말까지만 해도 경제적 여건과 시설환경 등을 고려하여 지역 대학에 진학하던 우수 인재들이 BK21 이후 수도권 대학으로 집중되면서, 수도권 대학이 지역의 우수인재를 흡수하는 역할을 했다는 평가도 존재한다.

BK21은 막대한 예산과 연구 인력 확보 여부가 연구실 존속을 결정짓는 문제였기에, 사업 선정 과정에서 매번 크고 작은 논란이 있었다. 그러나 현재는 비교적 안정된 절차를 통해 연구단을 선발하고 있으며, 선정된 연구단들은 국가의 지원 아래 연구에 전념하고 있다. 1997년 외환위기 이후 불확실한 경제 상황 속에서도 한국 정부는 미래를 위한 대담한 투자를 결정했고, 이는 한국이 지식강국으로 도약하는 데 상당한 역할을 하였다.

26

교육정보화:
세계에서 가장 컴퓨터를 잘 사용하는 국민

　외국인들이 한국에 와서 가장 놀라는 것 중 하나는 발달된 대중교통과 안전한 밤거리, 그리고 어디에서든 자유롭게 사용할 수 있는 와이파이 환경이다. 오늘날 한국에서는 카페든 지하철이든 공공기관이든 거의 모든 공간에서 무선 인터넷에 접속할 수 있다. 그러나 이것은 단지 기술의 발달 때문만은 아니다. 한국 사회가 오랜 시간에 걸쳐 디지털 인프라를 체계적으로 구축하고 이러한 혜택이 모든 국민들에게 향유될 수 있도록 추진된 다양한 정책이 기여한 바가 크다. 한국은 언제부터 이렇게 인터넷 강국이 되었을까? 언제부터 한국인은 와이파이 없이는 불편함을 느끼는 민족이 되었을까?

　한국이 ICT 교육에서 세계를 선도하게 된 배경에는, 1995년 5.31 교육개혁안에서 제시된 교육정보화 방향과 1997년 말 시작된 초중등학교 교육정보화 종합계획이라는 정책적 기반이 있다. 당시 정부는 2002년까지 전국의 모든 학교에 교육용 PC를 보급하고, 각 교실에 멀티미디어 기자재를 설치하며, 학내 전산망을 구축하겠다는 명확한 목표를 설정하고 이 목표를 대부분 완수하였다.

1990년대 초까지만 해도, 인터넷을 통해 문서를 주고받는다는 것은 신세계와도 같은 일이었다. 지금은 너무나 당연하게 이메일과 클라우드 서비스를 활용하지만, 불과 30여 년 전만 해도 교사나 학생 모두에게 그것은 낯선 일이었다. 당시만 해도 인터넷을 활용하는 교사는 소수였고, 대부분은 수작업과 아날로그 방식에 익숙해 있었다.

이런 상황에서 정부는 모든 교사에게 컴퓨터를 지급하고, 행정 업무뿐 아니라 수업도 컴퓨터를 활용하도록 시스템을 전환했다. 정책은 급진적이었고 당연히 초기에는 많은 반발이 있었다. 새로운 기술을 익혀야 하는 데서 오는 부담, 학교 내 컴퓨터 도난 사고나 잦은 고장으로 인한 혼란, 그리고 현실과 동떨어진 정책이라는 비판도 있었다. 도난을 우려하여 창고에 보관하다가 장학사가 올 때만 교실에 다시 설치한다는 학교가 있을 정도였다. 하지만 정부는 발생하는 문제들에 대응해 가면서 교육정보화 추진 계획을 대부분 완수하였다.

이후 2001년부터는 지식정보화 사회에 부응하기 위한 교육여건 개선사업이 시작되었다. 이 사업은 2003년부터 12조 2,797억 원이라는 대규모 재정을 투입해 학급당 학생 수를 줄이고, 정보화 기반을 확충하는 데 중점을 두었다. 점차적으로 교육 현장에서 컴퓨터는 단순한 기기가 아니라 학습과 소통의 도구로 자리 잡기 시작했다.

그 덕분에 집에 컴퓨터가 없던 학생들도 학교에서 자연스럽게 컴퓨터를 접하고, 직접 조작해 보며 자라날 수 있었다. 이들은 이른바 디지털 네이티브 세대로 성장했다. 교사들에게 정보화 연수가 제공되고 학생들에게는 초등학교 1학년부터 컴퓨터 교육을 받고, 고등학교에서 시행되던 정보 소양 인증제가 중학교까지 확대되면서 한국 학생들의 디지털 역량은 눈에 띄게 향상되었다. 민간 분야에서도 변화가 일어났다. PC방이라는 독특한 문화가 전국으로 확산되며 컴퓨터는 일상의 필수품으로 자리 잡았다.

그림 28. 초등학교 열린교육 중 컴퓨터 수업
(출처: 대한민국 정책브리핑, 1998)

이러한 교육정보화 정책의 배경에는 김대중 대통령의 철학이 자리하고 있었다. 김 대통령은 감옥에서 읽은 앨빈 토플러의 『제3의 물결』에 깊이 감명받았다. 그는 대통령에 취임한 후, 토플러를 한국으로 초청해 미래 전략 보고서를 직접 요청했다. 이 보고서에서 토플러는 한국이 기술을 단순히 따라가는 나라가 아니라, 지식을 선도하는 국가로 발전할 것인지를 선택해야 하는 시점에 와있다고 조언하였고 한국은 그의 조언에 적극적으로 응답하였다.

그림 29. 2001.6.7 미래학자 앨빈 토플러(Alvin Toffler) 박사와 오찬을 함께 하며 우리나라의 정보화 등에 대해 의견을 나누는 김대중대통령
(출처: 김대중도서관)

김 대통령은 취임사에서 "21세기 첨단산업 시대에 기술 강국으로 등장할 수 있는 정책을 과감히 추진해 나가겠다. … 세계에서 컴퓨터를 가장 잘 쓰는 나라를 만들어 정보대국의 토대를 튼튼히 닦아 나가겠다"고 언급하였다. 외환위기를 어느 정도 극복

한 1999년부터 김대중 정부는 초고속 통신망에 본격 투자하기 시작했다. 재일동포 기업인 손정의씨(소프트뱅크 회장)와 빌 게이츠(마이크로소프트 회장)의 조언도 도움을 줬다고 기록한 바 있다.

한국은 이제 인공지능(AI) 분야에서 세계 Top 3 선도국가 진입을 목표로 삼고 있으며, 그에 맞는 인재양성 계획도 본격적으로 실행되고 있다. 1999년 정책수립 시 '세계에서 컴퓨터를 가장 잘 사용하는 국민' 만들기라는 당시 불가능할 것 같은 목표는 현실이 되었다. 이는 정부의 교육투자에 대한 대담한 결정, 체계적인 정책수립 및 집행, 우수한 현장교사들의 선도, 국민의 열린 수용성이 만들어낸 역사적 성과라고 생각한다. 세계에서 AI를 가장 잘 활용하고, 가장 성능이 좋고 안전한 AI를 만들 수 있는 국민이 되길 기대해 본다.

3불(不) 정책:
왜 신입생 선발을 국가가 간섭하는가?

　한국에서 대학입시는 오랜 기간 국가의 직접적인 관리 대상이었고 이는 많은 전문가들과 대학의 불만요인이기도 했다. 그러나 이 규제의 목적이 사회적 공정성을 유지하고 초중등학교 단계 교육의 정상화를 위한 것으로 한국적인 특수성을 반영한 정책임을 이해할 필요가 있다. 대표적인 예가 바로 3불 정책(三不政策)이다. 이 정책은 1999년 명시되어 현재까지 유지되고 있으며, 대학입시에서 기여입학제, 본고사, 고교등급제의 세 가지를 금지하고 있다. 이 정책의 뿌리는 더 오래전으로 거슬러 올라간다.

　1980년 7월, 신군부는 과열된 입시경쟁과 사교육 문제를 해결하기 위해 '교육정상화 및 과열 과외 해소 방안'을 발표했고, 본고사의 폐지, 고등학교간 성적차이를 무시한 고교성적의 일률적 반영 등을 포함한 대학입시 조치를 단행하였다. 이후 1995년 5.31 교육개혁 당시 대학 자율성 확대 요구가 거세지며 입학제도 규제의 폐지 가능성도 논의되었으나, 정부는 교육의 공공성과 공정성을 강조하며 이 세 가지 금지 원칙을 유지해 왔다.

3불 정책의 주요 내용은 다음과 같다. 기여입학제는 대학에 일정 금액을 기부한 학생에게 입학 기회를 제공하는 제도로, 부모의 경제력에 따른 교육 기회 불평등을 초래할 우려가 있는 제도이다. 본고사는 대학이 자체적으로 학생을 평가하기 위해 실시하는 시험으로, 대학별 고사의 난이도가 높아 과도한 사교육 유발의 문제가 지적되었다. 고교등급제는 고등학교간의 학업성취도 수준의 차이를 대학 입시에서 고려하는 방식으로, 고교 서열화와 학교 간 경쟁을 심화시킨다는 이유로 금지되었다.

최근에는 논술고사와 실기, 면접 등 일부 대학별 고사는 허용하되, 고등학교 교육과정 내에서만 출제하도록 제한하여 사교육 부담을 최소화하려 노력하고 있다. 하지만 현실에서는 논술고사 준비에 사교육 의존도가 높아지고 있다는 문제점이 지속적으로 제기되고 있다.

3불 정책은 세계적으로도 보기 드문 규제다. 미국과 일본은 기여입학제와 고교등급제를 허용하고 있으며, 동남아시아 국가들에서는 본고사를 통해 대학입시가 이루어지는 경우가 많아 한국의 대학수학능력시험체제에 대한 관심이 높다. 이와 비교해 보면 한국의 3불 정책은 대학입시의 공정성을 지키고자 하는 한국 사회의 의지를 반영한 독특한 제도라 할 수 있다.

그러나 현실적으로 가장 공정한 시험이라고 인식되는 대학수학능력시험조차 거의 30년 동안 지속해 오며 사교육 의존도가 높아지고 있으며, 수능 위주 전형에서 부모의 사회적 지위가 높은 학생들이나 강남지역 학생의 입학비중이 높다는 통계가 지속적으로 제기되고 있다. 또한 학생부 중심 전형이 확대되면서 명시적 고교 등급제는 사라졌지만, 암묵적으로 고교의 특성과 배경이 고려될 여지도 생기고 있는 상황이다. 이러한 가운데, 한 사람의 창의적이고 융합적인 인재가 사회에 미치는 영향력이 커지면서 획일적인 규제로는 창의적 인재를 포용하기 어렵다는 목소리도 커지고 있다.

그림 30. 서울 교총에서 개최된 "3불 정책 타당한가? 부당한가?" 토론회(2007.4) 모습
(출처: 정부 e영상기록원)

대학 입시에 있어 자율성과 다양성에 대한 요구는 앞으로 더 높아질 것으로 예상된다. 대학에 대한 사회적 신뢰를 바탕으로 대학의 자율적인 선발권을 확대해가는 패러다임의 전환이 필요한 시

기이다. 이를 위해서는 국민의 성공에 대한 인식 변화와 함께, 대학이 진정한 자율성과 책임을 갖춘 교육기관으로서 확실히 인식될 수 있도록 제도와 문화가 함께 변화해 나가야 할 것이다. 매우 어려운 과제이다.

광복 80년 : 한국을 만든 교육정책

28

학점은행제:
대학에 가지 않아도 4년제 학위를

"인간은 배우는 존재이며, 배움은 삶의 본질이다." 이러한 관점은 고대 철학자들로부터 현대 사상가들에 이르기까지 꾸준히 강조되어 왔다. 플라톤은 "교육은 인간의 영혼을 불에서 빛으로 이끄는 과정"이라 하였고, 존 듀이(John Dewey)는 "교육은 삶을 위한 준비가 아니라 삶 그 자체"라고 주장하였다. 이처럼 교육은 일생을 통해 지속되어야 한다는 철학은 현대 사회에서 평생학습의 중요성을 더욱 부각하고 있다.

한국의 교육정책은 시대별 국가 발전의 흐름에 따라 점진적으로 진화해왔다. 1959년 초등학교 의무교육의 달성을 시작으로, 중학교와 고등학교의 보편교육 확대가 이어졌으며, 1960-70년대에는 산업화에 필요한 기능인력 양성을 위해 직업교육이 강화되었다. 이후 1980년대 이후에는 고등교육의 확산과 함께 지식정보화사회에 기여하는 교육 기반이 정착되었다.

이러한 발전 속에서 1980년대부터는 국민 누구나, 언제 어디서나 학습할 수 있는 '평생학습사회'의 필요성이 제기되었고, 이는 새로운 교육 패러다임으로 자리잡기 시작했다. 이를 제도적으로 뒷받침한 것이 1982년 제정된 「사회교육법」이며, 이는 1998년 「평생교육법」으로 개정되어 본격적인 열린 평생교육 사회로의 전환을 선언하였다. 이후 2007년에는 평생교육법이 전면 개정되어 국가와 지방자치단체의 책무 강화, 평생교육기관의 다양화, 학습자의 권리 보호 등 보다 구체적이고 체계적인 평생학습 체계를 마련하게 된다.

이러한 제도적 발전과정에서 1995년 5.31 교육개혁안에 학점은행제 도입안이 제시되었고, 1998년에 학점인정 등에 관한 법률이 제정되며 학점은행제가 도입되었다. 학점은행제는 기존의 정규 교육 체계를 벗어난 다양한 학습 활동—직업훈련, 자격증, 온라인 학습, 평생교육 기관 수강 등—을 학점으로 인정하고, 이를 바탕으로 학위를 수여할 수 있도록 설계된 국가 주도의 제도이다.

이는 단지 비정규 교육의 보완책이 아니라, 학습자 중심의 유연하고 포용적인 고등교육 체제를 구축하기 위한 제도적 혁신으로 평가된다. 정규 고등교육과정 외부에서도 학위 취득이 가능하도록 하여 학습의기회를 확대하고, 교육의 문턱을 낮춘 정책적 혁신이라 할 수 있다.

2025년 2월 기준, 학점은행제를 통해 학위를 취득한 누적 인원은 약 111만 명에 달하며, 같은 해에만 3만 7,499명이 학사 또는 전문학사 학위를 취득하였다. 이는 해당 제도가 단지 대안적인 제도에 그치지 않고, 실제로 많은 국민들이 활용하는 중요한 교육경로로 자리매김했음을 보여주는 수치이다.

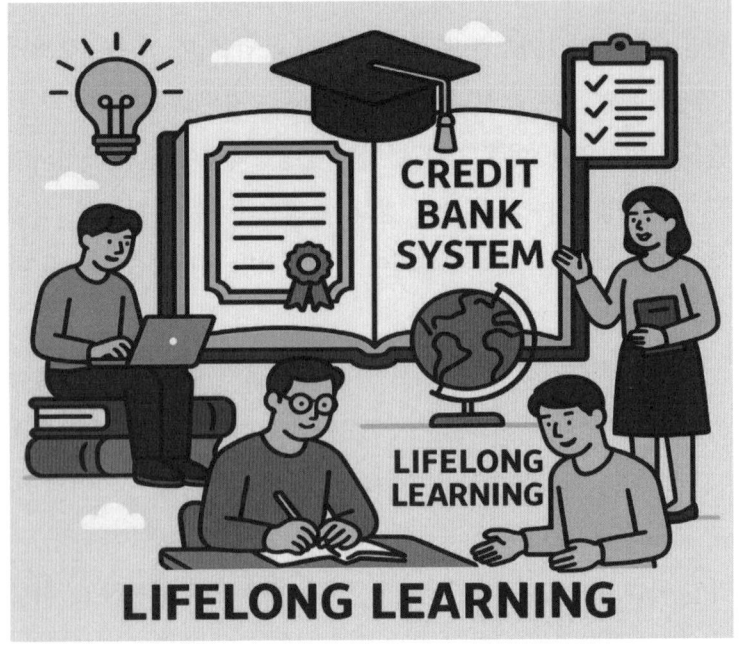

그림 31. 학점은행제(Credit Bank System)과 평생교육(Lifelong Learning)

학점은행제의 가장 큰 특징은 다양한 비정규 학습경로를 제도권 안으로 포섭한다는 데 있다. 국가평생교육진흥원을 중심으로, 학점인정 대상 기관을 평가·선정하고, 자격증 및 직업훈련 등의 학습을 체계적으로 관리하며, 일정 요건 충족 시 교육부 장관 명의로 정식 학위를 수여한다. 또한 독학학위제를 병행 운영함으로써 학습자에게 보다 다양한 선택지를 제공하고 있다. 이러한 체계적 운영은 학점은행제가 단순한 예외적 경로가 아니라, 학력 인정의 공식 루트로 기능하게 만든다.

표 4. 학점은행제 및 독학학위제 학위수여자 현황(2001~2023)

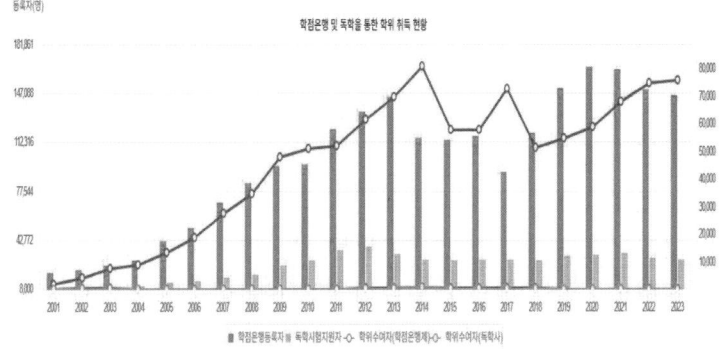

(출처: 지표누리 e-나라지표)

해외에도 유사한 사례들이 존재한다. 미국의 *Prior Learning Assessment (PLA)*나 유럽의 European Qualifications Framework (EQF) 등은 개인의 경험과 비정규 학습을 공식 교육 성과로 인정하려는 제도적 노력으로 볼 수 있다. 그러나 대부분의 경우 학위 수여는 여전히 고등교육기관의 재량에 맡겨져 있으며, 국가가 주도적으로 학위를 수여하는 구조는 드물다. 이에 반해 한국의 학점은행제는 법률에 근거하여 국가가 직접 학위를 수여하고, 관련 기관을 통해 질 관리를 병행하는 점에서 제도적 독창성과 안정성을 동시에 확보하고 있다.

학점은행제는 단순한 제도 이상의 의미를 지닌다. 이는 교육의 기회를 평등하게 보장하고, 개인의 역량을 다각도로 인정하는 열린 교육 시스템이다. 특히 4차 산업혁명 시대를 맞아 직무 전환과 재교육의 중요성이 커지고 있는 가운데, 학점은행제는 '선취업-후

학습', '직무경험-자격연계'와 같은 다양한 교육 경로를 제도 안으로 수용함으로써, 교육의 유연성과 실효성을 높이는 핵심 제도로 자리하고 있다.

학점은행제는 평생학습 사회로의 전환을 가능케 하는 제도적 기반이며, 교육 복지의 확장과 교육 민주화 실현에 크게 기여하고 있다고 할 수 있다. 이는 단지 학위를 부여하는 기능을 넘어, '누구나, 언제나, 어디서나' 학습할 수 있는 사회를 향한 실질적인 발걸음이라 할 수 있다. 한국의 학점은행제는 전 세계적으로도 주목할 만한 열린 고등교육 모델로, 미래 사회를 대비한 지속가능한 교육 정책의 중요한 축을 담당하고 있다.

산학협력 정책의 전개:
대학과 산업을 연결

    오늘날 산학협력은 직업계고등학교, 전문대학, 대학교육 전반에 걸쳐 필수적인 활동으로 자리 잡고 있다. 그러나 한국이 교육기관과 산업계가 상호 협력의 필요성을 인식하고 실질적인 프로그램과 제도를 함께 추진하게 되기까지는 수십 년간의 정책적 노력과 관계자들의 헌신이 있었다.

    전통적으로 대학은 '학문의 상아탑'으로 여겨졌고, 산업계의 요구를 교육과정에 반영하는 데에는 오랜 시간 동안 논쟁과 비판이 따랐다. 그러나 정부는 산업 발전과 인재 양성을 연계하는 산학협력의 중요성을 인식하고 이를 제도화하기 위한 노력을 지속해 왔다.

    한국에서 산학협력의 제도적 출발은 1963년 「산업교육진흥법」의 제정으로 시작되었으며, 1968년 대통령 연두교서를 통해 산학협동의 필요성이 강조되었다. 당시 실업계 학생들의 현장실습을 교육과정에 반영하고, 산업 현장의 수요를 고려한 교육과정 개편이 추진되었다. 고등교육에서는 국립대 공대의 정원 확대를 통해 산업계 수요에 대응하려는 노력이 이루어졌다. 그러나 비공학 계열을 포함한 전반적인 대학 체제에서 산학협력은 여전히 미진한 수준이었다. 이에 정부는 1971년, 기업 수요 중심의 기술개발을 위한 인재 양성과 연구를 위해 한국과학기술원(KAIST)을 설립하며 새로운 산학협력 모델을 모색하였다.

이러한 흐름은 2003년 「산학협력 촉진에 관한 법률」 제정을 기점으로 전환기를 맞았다. 이 법은 대학에 산학협력단 설립을 의무화하고, 산학협력 교육과정, 산학협력 전담교수 임용, 계약학과 운영, 연구성과의 기술이전 및 상업화, 학교기업 운영 등 산학협력 전반에 걸친 제도적 기반을 마련했다. 이어 2011년부터 시행된 '산학연협력 선도대학: LINC(Leaders in INdustry-university Cooperation)' 사업은 산학협력을 대학의 중심 운영방향으로 유도하며 대학 문화에 큰 변화를 일으켰다. 연 2,000억 원 규모의 재정지원을 통해 대학은 산업계와의 연계를 강화하고, 지역 산업과 연계한 실질적 협력 모델을 구축해 왔다.

대학과 기업이 공동으로 교육과정을 편성하고 졸업 후 해당기업에의 취업을 보장하는 계약학과의 경우 2023년 836개로 증가하고 있고, 2023년 계약학과 운영에 참여하는 산업체 수도 10,064개로 늘어났다. 대학연구결과의 특허등록 및 기술이전건수가 늘어나고 있으며, 대학이 직접 설립하여 투자하는 대학기술지주회사 자회사 수도 증가하고 있다.

2023년 기술지주회사 90개, 자회사 수 1,512개로 조사되었고 총 자본금은 2,905억 매출액은 280.3억원, 고용인력은 302명으로 조사되었다.

이러한 제도적 진전은 국제적으로도 주목받고 있다. 특히 비교적 산학협력의 중요성을 늦게 인식한 아시아권 국가들—예를 들어 인도네시아, 베트남, 필리핀 등—에서는 한국의 사례를 매우 관심있게 바라보고 있다. 해외 대학관계자들은 한국이 산업적 기반이 뒤늦게 발전한 상황에서 어떻게 대학 내 산학협력 활동을 주요활동으로 정착시켰는지, 대학이 교육·연구·산업연계의 중심축으로 역할을 할 수 있었는지에 대해 큰 관심을 보이고 있다. 실제로 한국의 산학협력 정책과 관련 제도들은 국제교육협력, 고등교육 ODA 사업을 통해 적극적으로 공유되고 있으며, 이는 한국 고등교육의 경쟁력과 정책 역량을 보여주는 좋은 사례이기도 하다.

그림 32. 국내 대학과 반도체업체간 반도체계약학과 설립 MOU체결 장면
(출처: 서강대학교)

국제적으로 살펴보면, 미국의 스탠퍼드대학은 실리콘밸리의 기술 창업과 혁신을 이끈 대표적인 산학협력 사례로 꼽힌다. 독일은 이원화 직업교육(듀얼시스템)을 통해 산업 현장과 연계된 고등직업교육을 오랫동안 안정적으로 운영해 왔으며, 기업이 교육과정 설계부터 실습 운영까지 주도하는 모델을 정착시켰다. 영국 또한 '산업연계부서(Industrial Liaison Unit)'를 두고 대학과 산업 간의 정보교류와 협업을 정례화하고 있다.

반면 한국은 산업계가 비교적 늦게 발전한 구조 속에서 정부 주도의 산학협력 유도정책이 중요한 역할을 했다. 특히 연구역량 강화가 필요한 중소기업과의 산학협력이 중요한 현실에서, 정부는 대학을 중심으로 한 협력 플랫폼을 조성하고 이를 제도화하며 산학협력 문화를 정착시키고자 하였다. 최근에는 지방자치단체로 대학지원 권한과 재원을 이양하고, 지역 산업의 수요를 반영한 산학협력 체계를 강화하고 있다. 이를 통해 산학협력은 지역 대학과 기업의 지속 가능한 발전, 그리고 학생들의 지역 정착을 유도하는 방향으로 진화하고 있다.

한국의 산학협력은 제도화된 법적 기반, 정부의 전략적 투자, 대학의 문화 전환이라는 삼박자가 맞물려 이루어진 결과다. 또한 이는 고등교육이 산업과 기술 혁신에 기여할 수 있는 실천적 교육 모델로 진화해가고 있음을 보여준다. 아시아를 포함한 다수 국가들이 한국의 산학협력 정책을 주목하고 있는 것은, 교육과 산업이 어떻게 유기적으로 협력하여 국가 경쟁력을 강화할 수 있는지를 보여주는 사례로 평가받고 있기 때문이다.

광복 80년 : 한국을 만든 교육정책

30

Study in Korea:
이제 유학생이 오는 나라로

오늘날 고등교육은 단지 학문을 위한 공간을 넘어, 국가의 전략산업으로서의 역할을 수행하고 있다. 특히 외국인 유학생 유치는 단순한 교육서비스 제공을 넘어, 글로벌 인재 확보, 경제적 파급효과, 지역 발전과 연계된 고용 창출 등 다층적인 의미를 지닌다. 이미 미국, 영국, 호주, 일본 등 유학 선진국들은 고등교육을 국가 경쟁력의 핵심 요소로 인식하고, 체계적인 유학생 유치 정책을 통해 교육산업을 선도해왔다.

한국은 이러한 글로벌 흐름에 비교적 늦게 진입했지만, 최근 외국인 유학생 수가 빠르게 증가하며 변화를 이끌고 있다. 한국교육개발원의 2024년 교육통계에 따르면 외국인 유학생 수는 20만 8,962명에 달하며, 이는 1980년 1,810명, 2001년 1만 1,646명에서 비약적으로 증가한 수치다. 교육부는 2023년, 2027년까지 외국인 유학생 30만 명 유치를 목표로 하는 정책을 수립하며 국제 교육시장 진출을 본격화하고 있다.

한국의 외국인 유학생 유치 정책은 2004년 'Study Korea' 계획을 통해 본격화되었다. 노무현대통령은 유학생을 보내는 나라가 아니라 받는 나라를 만들어보자는, 당시로는 가능할 것같지 않았던 국민적 제안을 했고 교육부는 유학생 수를 2010년까지 5만 명으로 확대하는 것을 목표로 삼고, 정부초청장학생(Global Korea Scholarship) 확대, 유학 홍보 및 한국어·문화 보급 강화 등 다양한 정책을 추진하였다. 이 목표는 2007년 조기 달성되었고, 이어서 2012년까지 유학생 10만 명 유치를 목표로 발전계획이 수립되었다. 이에 따라 영어 강좌 확대, 기숙사 등 생활환경 개선, 선진국과의 교류 확대 등의 정책들이 진행되었다.

그러나 유학생 증가에 따른 부작용도 드러났다. 일부 역량이 부족한 대학에서 유학생을 미충원 정원의 충원 수단으로 활용하거나, 한국어 및 학업 능력이 부족한 학생들이 무분별하게 입학하는 경우도 발생하였다. 이에 2011년 교육과학기술부와 법무부는 공동으로 '외국인 유학생 유치 및 관리체계 선진화 방안'을 마련하였고, 유학생 유치·관리 인증제 도입, 비자 발급 절차 간소화, 우수 인증대학에 대한 우대 등 실효성 있는 제도적 기반을 구축하였다.

2012년에는 'Study Korea 2020 Project'가 발표되어 유학생 유치와 함께, 국내 대학의 글로벌 경쟁력을 강화하기 위한 방향이 강조되었다. 이는 단순한 유학생 수의 확대에서 나아가, 대학 간 국제교류 활성화, 연구중심대학 육성, 경제자유구역과 교육국제화특구 내의 교육환경 조성 등 종합적인 국제화 전략을 포함하고 있다.

그림 33. Study Korea 학생들의 연말 행사 파티 모습
(출처: 국립국제교육원(NIIED))

  2024년 기준 국제적인 세계대학평가인 QS 평가에서 100위대학에 5개 대학, 200위 대학에 7개 대학이 포함되는 등 국제적인 평판이 2000년에 비교하여 완연히 개선되었다. 한국대학의 낮은 국제경쟁력에 대한 비판이 있지만, 현재 QS 100위권에 6개이상이 포함되어 있는 국가는 미국, 영국, 호주, 중국(홍콩 포함) 등 4개국에 그치고 우리와 같이 5개가 포함된 국가로 독일이 포함되어 있을 정도로 한국 고등교육에 대한 평판은 지속적으로 개선되고 있다고 볼 수 있다.

  이제 한국은 전통적인 유학 송출국에서 유치국으로 전환하였고, 외국인 유학생 수는 자국 유학생 수를 추월했다. 이는 한류, 한국어 확산, 국내 대학의 교육·연구 역량 강화 등의 복합적 요인에 기인하며, 점차적으로 아시아 학생들에게 한국 유학이 실질적인 경력경로로 인식되고 있다. 다만, 유학생의 질 관리, 문화적·언어적 통합, 한국 학생들과의 교류 확대 등은 앞으로 해결해야 할 과제로 남아 있다. 또한 세계대학평가 500위권에 지역소재 국립대학과 주요 사립대들이 진입한다면 더욱 우수한 유학생들이 스스로 한국을 찾게 하는 방법이 될 것이다.

그림 34. 2024 한국유학박람회, 스리랑카
(출처: 저자 사진)

2024년 기준 한국에 가장 많은 유학생을 보내고 있는 국가는 중국, 베트남, 우즈베키스탄, 몽골, 네팔, 미얀마, 일본, 미국, 러시아, 프랑스 순이며, 70% 이상이 여학생이다. 한국문화에 대한 관심과 함께 안전한 국가라는 한국의 치안상태에 대한 평가가 영향을 주고 있다고 한다. 다만 일부 국가에 집중된 유학생 비중을 다국적기반으로 확대해가야 할 과제가 있다.

　외국인 유학생 유치 정책은 단순한 국제화의 수단을 넘어 고등교육의 체질 개선과 지역경제 활성화, 국제관계 확장에 기여하는 핵심 전략이다. 한국은 유학생 유치와 함께 교육의 질을 확보하고, 내·외국 학생이 함께 성장할 수 있는 교육생태계를 조성해 나가야 할 시점에 와 있다. 아시아의 잠재력있는 학생들에게 우수한 교육을 제공할 수 있다면 세계 발전에도 기여할 수 있는 매우 의미있는 일이다고 할 것이다.

광복 80년 : 한국을 만든 교육정책

31

교육복지투자우선지역 지원사업:
온 마을이 필요해

    한국의 교육정책은 오랫동안 기회의 형평성을 중요한 가치로 삼아 왔다. 그러나 그 방식은 시대별로 달랐다. 1990년대 이전까지의 교육정책은 교육 기회의 전반적인 확대를 통해 형평을 꾀하고, 이후 입시제도 조정을 통해 저소득층에게 불이익이 없도록 설계하고 국가가 이를 규제하는 방식을 취하였다. 고교평준화나 대학본고사 금지, 대학입시 내신 일률적 반영, 특별전형 등을 예로 들 수 있다.

    하지만 1990년대 중반 이후 영재교육 도입과 자율고·특목고 중심의 고교 다양화 정책이 전개되면서, 국가가 규제를 통해 설계하던 기회균등의 구조는 한계에 봉착한다. 특히 IMF 경제위기 이후 한국 사회 전반에 신자유주의가 확산되면서 교육의 시장화가 급속히 진행되고, 교육을 통한 계층 상승의 가능성은 점차 줄어든다는 인식이 확산되었다. 교육기회의 불평등이 확대되고, 계층 간 격차는 교육을 통해 고착화되는 양상을 띠게 된 것이다.

그림 35. 교육복지우선지원사업 모습

이러한 상황 속에서 노무현정부는 "교육이 복지의 출발점이다"라는 철학적 기조 아래, 교육복지투자우선지역지원사업을 도입하였다. 정부는 경제적 불평등이 교육기회의 불평등으로 전이되고, 이는 다시 계층 고착으로 이어진다는 구조를 인식하고, 이를 해소하기 위한 근본적 해법으로 교육복지를 제시했다. 이 사업은 전국적으로 교육소외가 두드러지는 도시 저소득 밀집지역 및 농어촌 낙후지역 등에 대한 특별한 지원을 통해, 교육기회의 지역 불균형을 완화하고자 하였다.

우선지원사업은 방과후학교 운영 문화체험 활동 학습도우미 지원 심리·정서 상담 및 복지 서비스 등 다양한 교육·복지 프로그램을 결합한 형태로 이루어졌다. 학교, 지역사회, 전문가가 함께 참여하는 방식으로 운영되었으며, 실질적인 '복지 네트워크'가 형성되기 시작한 시점이었다.

한 질적 연구에 따르면, 우선지원학교 사례에서 학생들은 '부모 같은 존재', '신뢰할 수 있는 전문가'를 만났고, 교육에 대한 긍정적인 인식과 정서적 안정을 경험했다고 응답했다. 다양한 프로그램 참여는 자기효능감, 학업 지속 의지, 미래에 대한 긍정적 기대감 향상에도 기여했다. 단순한 학업 성과뿐 아니라 학생 삶의 질 향상이라는 교육복지의 본질에 가까운 효과를 이끌어낸 셈이다.

이 사업은 2003년 시범 운영을 시작으로 2006년 전국 확대되었고, 2011년 이후에는 '교육복지우선지원사업'이라는 명칭으로 시도교육청 중심의 분권형 체계로 재편되며 지속되었다. 이후 박근혜 정부에 이르러서는 기초학력보장제, 돌봄교실, 자유학기제 등으로 정책이 확장되었고, 하나의 아동도 놓치지 않겠다는 보편 교육복지 기조로 발전하게 되었다.

이 사업은 한국 교육정책사에서 교육복지를 제도화하고, 소외계층에 대한 적극적인 행정을 시작한 계기였다. 앞으로도 이 철학은 단지 단편적인 복지성 프로그램에 머무르지 않고, 공교육 전체의 기획과 구조 속에 유기적으로 통합되어야 한다는 과제를 남긴다.

32

법학전문대학원: 강력한 사회적 반대를 무릅쓰고

요즘은 한국 사회에서 법조인이 담당하는 역할의 중요성에 대해 실감하게 된다. 2009년, 대한민국 사법제도에 커다란 전환점이 생겼다. 오랜 논란 끝에 '법학전문대학원(로스쿨) 제도'가 도입된 것이다. 이 제도는 단순히 법조인 양성 방식을 바꾼 것에 그치지 않고, 한국 사회의 특권 구조와 법률 접근성을 재편하려는 사법개혁의 실질적 시도였다. 특히 중요한 점은, 이 제도가 사회적 반발과 이해관계를 넘어서 추진되었고, 결과적으로 법률서비스를 공공의 영역으로 되돌리는 데 큰 기여를 했다는 점이다.

당시 정부가 밝힌 로스쿨 제도의 도입 목적은 사법시험 중심의 선발 시스템이 양산한 '고시 낭인' 문제를 해소하고, 특정 대학·전공에 치우친 법조계의 획일성을 깨며, 다양한 배경과 전문성을 갖춘 법조인을 양성하겠다는 것이었다. 이는 단지 교육 정책이 아닌, 사회 구조의 공정성과 다양성을 실현하기 위한 법조계 개혁이었다.

하지만 이 제도가 자리 잡기까지의 길은 결코 순탄하지 않았다. 로스쿨 제도는 이미 1995년 김영삼 정부에서 세계화 추진과 사법개혁의 일환으로 처음 논의되었으며, 김대중 정부에서도 사법시험 폐지를 포함한 개혁 논의가 있었다. 그러나 사시 출신 정치인과 법조계 기득권의 강한 반발에 부딪혀 번번이 무산됐다.

이런 상황에서 노무현 정부는 2005년 사법제도개혁추진위원회를 출범시키고, 같은 해 10월 '법학전문대학원 설치·운영에 관한 법률안'을 국회에 제출하면서 본격적인 도입을 추진했다. 법안은 당시 야당이 사학법 재개정 문제와 연계하며 법안심사소위 의결을 보류하는 등 정쟁화로 인해 가로막혔으나, 2007년 국회의장의 직권상정으로 통과되었다. 법 통과후 10년여의 장기적인 전환계획 수립과 추진 하에 점진적 전환을 완료하였다.

한국사회에서 사법시험의 상징성에 근거한 반대의견이 컸으나, 정부는 한국 사회의 구조적 개혁과 미래 세대를 위한 제도 개선에 주목하였다. 당시 중산층 이상의 가정이 아니면 접근하기 어려운 고비용 시험 구조, 엘리트 중심의 법률서비스, 지역과 계층의 장벽을 허무는 데에 초점을 맞춘 개혁이었다고 평가받는다.

2009년부터 시행된 로스쿨 제도는 전국 20개 대학에 설치되어 있으며, 총 입학정원 2,000명으로 제한된 가운데 매년 약 2,000여 명의 졸업생을 배출하고 있다. 변호사시험 합격률에 영향을 받을 수 있으나 이는 과거 연 1,000명 수준이던 변호사 수의 두 배에 달하며, 법률 서비스의 진입장벽을 낮추는 데 실질적인 효과를 내고 있다.

더불어, 2018년 시행령 개정으로 특별전형으로 정원의 7%를 사회적 취약계층에게 할당하게 되면서, 매년 최소 140명 이상이 그 기회를 얻고 있으며, 2020년에는 165명이 해당 전형을 통해 로스쿨에 입학했다. 지역인재 전형도 병행되어, 수도권 중심의 법조계 구조를 완화하고 지역 균형 발전에 기여하고자 하였다. 이러한 구조는 법학전문대학원의 장학금 제도, 학자금 대출, 입시 및 지원 현황의 공개와 함께 운영되어 공공성과 형평성을 동시에 지향하고 있다.

그림 36. 서울대 근대법학교육 백주년기념관에서 열린
2024년 법학전문대학원 학위수여식 모습
(출처: 서울대 법학대학원)

물론, 로스쿨 제도가 완벽한 것은 아니다. 변호사 수 증가에 따른 시장 포화와 서비스 질 저하에 대한 우려는 꾸준히 제기되고 있으며, 변호사 단체는 정원 감축을 요구하고 있다. 그러나 이는 제도의 성과가 현실에서 체감되고 있다는 또 다른 방증일 수 있다. 법률 서비스가 소수 특권계층의 전유물이 아니라, 모든 국민이 접근 가능한 공공재로 자리 잡기 시작했기 때문이다.

최근의 의과대학 정원 확대를 둘러싼 정부와 의사단체 간 갈등을 보며, 당시 로스쿨 도입 과정의 어려움과 그 의미가 더욱 절실하게 다가온다. 배출되는 법조인력의 우리사회에서의 역할을 고려할 때, 법학전문대학원 제도는 지속적인 관심이 필요한 제도이다. 앞으로도 그 이상이 제도의 지속가능성과 함께 현실 속에서 더 깊이 뿌리내릴 수 있도록 하는 지속적인 관심과 노력이 필요할 것이다.

광복 80년 : 한국을 만든 교육정책
33

방과후 학교:
사교육 수요를 흡수

요즘은 모든 초중고 학교에 방과후학교가 운영되어 정규수업 후 희망에 따라 수업을 들을 수 있다. 이제도는 언제부터 시작된 것일까? 방과후학교의 시초는 사실 김대중 정부 시절로 거슬러 올라간다. 당시 일부 농어촌 지역에서 방과 후 수업을 도입하며 학생 돌봄과 학습지원을 병행하던 실험이 이루어졌고, 이를 바탕으로 참여정부는 전국적 확대를 결정하였다. 2005년에는 48개 학교를 대상으로 시범사업이 시작되었고, 이후 2006년에는 19개 시·군, 2007년에는 89개 지역으로 대폭 확대되었고 현재 거의 모든 학교가 운영하고 있다.

참여정부가 추진한 '방과후학교' 정책은 단순한 수업 보완 프로그램이 아니라, 사교육 수요를 공교육 체계 안으로 흡수하고 학교를 지역사회와 연결시키려는 교육 철학이 담긴 사업이었다. 이 정책은 특히 저소득층 학생에게 국가의 책임 하에 교육기회를 보장하고, 사교육 의존도를 줄이기 위한 담대한 시도로 기획되었다.

당시 노무현 대통령은 사교육의 문제를 해결하려면 공교육이 학생과 학부모가 원하는 다양한 프로그램을 제공할 수 있어야 한다고 강조했다. 즉, 사교육을 억제하는 것이 아니라, 공교육이 그 기능을 대신 수행함으로써 공공의 책임 하에 교육격차를 줄이자는 철학이었다. 실제로 방과후학교는 외부 사교육 강사와 지역 인재를 학교 안으로 끌어들여 영어, 수학 등 교과학습은 물론 악기, 미술, 스포츠 등 다양한 특기적성 분야까지 프로그램을 확대하여 사교육 기능을 공교육화하고자 하였다. 이로 인해 비판을 받기도 하였다.

그림 37. 노무현 대통령 주재 방과후 학교확산을 위한
교육감교육장과의 열린 대화(2006)
(출처: 대통령 기록관)

한국 방과후 교육의 방향은 영국과 미국의 사례와도 유사한 점

이 있다. 영국은 'Extended Schools' 정책을 통해 학교가 지역사회의 복지·보육·문화자원을 통합 제공하는 플랫폼이 되도록 했고, 미국도 '21st Century Community Learning Centers'를 통해 저소득층 지역에서 방과 후 학습, 예술활동, 건강·체육서비스를 학교에서 제공하는 프로그램을 운영 중이다. 참여정부의 방과후학교는 이러한 세계적 흐름을 반영하며, 학교가 단순한 교과교육의 장을 넘어 지역사회 교육 허브로 기능하게끔 유도했다.

그림 38. 방과후 학교 활동으로 바이올린을 배우는 모습
(출처: 충청일보, 2013)

하지만 이 정책은 학교 현장의 추가 업무 부담을 야기하며 현장의 반발을 불러오기도 했다. 방과 후 프로그램 운영과 행정적 절차가 교사에게 과중하게 전가된다는 우려가 제기되었기 때문이

다. 이에 정부는 학교행정지원인력을 증원하고, 방과후학교 전담 인력 배치 등을 통해 교사들의 부담을 줄이려는 보완조치를 추진하였으나, 완벽하지는 않았을 것으로 짐작된다.

그러나 방과후학교의 성과에도 불구하고, '사교육비 감소'라는 핵심 목표는 여전히 완전히 달성되지 못한 과제로 남아 있다. 방과후학교의 확대에도 불구하고 사교육 시장은 빠르게 적응하였다. 특화된 컨설팅, 맞춤형 콘텐츠, 조기유학, 프리미엄 학원, 선행학습 등 사교육은 공공기관이 제공하는데 한계가 있는 다양한 맞춤형 케어 방식의 서비스로 끊임없이 영역을 확장해 왔다. 그 결과, 방과후학교 도입 이후 일시적인 사교육비 정체 현상이 있었지만, 장기적으로는 다시 증가세를 보이고 있다.

이처럼 막강한 사교육의 영향력은 한국 교육이 구조적으로 안고 있는 딜레마다. 방과후학교가 일정 부분 사교육 수요를 흡수한 것은 사실이지만, 근본적으로 학력 중심 경쟁 체제와 대학 입시 제도가 지속되는 한 사교육 수요는 결코 근절될 수 없지 않을까 생각한다. 교육기회의 형평성 확보를 위해 국가가 적극 개입해야 한다는 원칙은 모두가 동의하나 어떻게 할 것인가, 효과가 있을 것인가에 대해서는 의견이 분분하다.

방과후학교가 사교육비 절감 측면에서도 성과를 거두기 위해서는 사교육의 영향력에 대한 구조적 접근과 함께 사회 전체의 교육 가치에 대한 인식 전환이 필요하다. 현재 한국의 사교육은 공교육에서 충족시켜주지 못하는 점을 제공하는 보완제적 성격보다 자신의 아이에게 더 좋은 교육을 제공하여 다른 학생에 비하여 대학

입시경쟁에서 우위를 획득하기 위한 추가적인 교육투자 측면이 있다고 본다. 공교육을 정상화하여 사교육비를 낮추자라는 구호가 실제로 힘을 못쓰고 있는 이유이다.

우리 아이들이 행복할 수 있는 교육을 위해서는 학부모들도 '모든 아이의 교육권'이라는 공공적 관점을 가져야 하며, 고등교육기관 역시 우수한 학생을 선발하려는 것과 함께 초중등교육의 정상적 운영을 뒷받침해야 한다. 참여정부의 방과후학교 정책은 사교육을 공교육으로 흡수하려 한 담대한 도전이었다고 평가하고 싶고 이정책은 아직도 계속되고 있다. 결국, 교육의 정상화는 정책만으로는 완성되지 않으며, 사회 전체가 함께 만들어가야 할 미래이다. 그리고 어렵더라도 아이들을 위해 포기하지 말았으면 한다.

표 5. 교육단계별 및 소득수준별 학생 1인당 월평균 사교육비 (단위: 만원)

		2015	2016	2017	2018	2019	2020	2021	2022	2023	2024
전체		24.4	25.6	27.2	29.1	32.1	30.2	36.7	41.0	43.4	47.4
교육 단계	초등학교	23.1	24.1	25.3	26.3	29.0	23.5	32.8	37.2	39.8	44.2
	중학교	27.5	27.5	29.1	31.2	33.8	34.2	39.2	43.8	44.9	49.0
	고등학교	23.6	26.2	28.5	32.1	36.5	39.6	41.9	46.0	49.1	52.0

출처: 통계청, 「초·중·고 사교육비조사」

한국장학재단:
돈없어 대학 못가는 일은 없도록

한국 사회에서 교육은 개인의 삶의 질과 국가의 경쟁력을 결정 짓는 핵심 기반이다. 특히 고등교육은 고용 기회와 사회적 이동성을 좌우하는 중요한 수단으로 인식되지만, 사립대학 재학생이 전체 대학생의 80% 이상을 차지하는 구조에서 고등교육은 많은 가정에 경제적 부담으로 작용해왔다. 이러한 문제를 해결하기 위해 한국정부는 초중등 교육과는 다른 방식으로 고등교육 지원 체계를 설계하고, 이를 통해 교육기회의 형평성과 질적 향상을 동시에 추구해왔다.

초·중등교육의 경우, 모든 아동에게 공평한 교육기회를 제공한다는 원칙 아래, 공립과 사립을 불문하고 국가가 학교 운영비와 교원 인건비를 전액 지원함으로써 무상교육을 실현하고 있다. 반면 고등교육에서는 대학에 대한 일률적 재정지원을 지양하고, 학생 개인이 수학을 희망하는 대학에서 공부할 수 있도록 장학금과 학자금 대출을 통해 간접 지원하는 방식을 채택하고 있다. 이는 고등교육의 다양성과 자율성을 보장하면서도 학생 개개인의 기회를 확장하려는 정책적 방향이다. 또한 대학평가 결과 일정 수준 이하의 교육 질을 제공하는 대학은 국가장학금과 같은 재정적 혜택에서 제외됨으로써, 대학이 교육의 질을 개선하고 자율적 혁신을 추구할 수 있도록 유도하고 있다.

등록금 인상 문제는 고등교육 접근성을 제한하는 주요 요소였다. 2000년대 중반, 대학자율화 차원에서 등록금규제가 없어지고, 물가상승률을 훨씬 웃도는 등록금 인상이 이어지면서 학생과 학부모들의 부담은 가중되었고, 이에 대한 사회적 반발도 거셌다. 2010년 이명박 정부는 1980년대에 시행하였던 "대학등록금 인상률 규제'를 도입, 대학이 등록금을 인상할 경우 3개년 평균 물가상승률의 1.5배를 초과하지 못하도록 법률을 개정하였다. 이 기준마저도 등록금 동결을 타사업 지원요건과 연계하여 지난 14년 동안의 등록금 동결을 유지해 왔다. 현재는 1.2배를 초과하지 못하도록 개정되었다. 이와 함께 각 대학에 등록금심의위원회를 설치하고, 등록금 산정 근거를 공시하도록 의무화함으로써 등록금 책정의 투명성과 합리성을 높였다.

등록금 문제 해결을 위한 또 다른 중요한 전환점은 국가장학금 제도의 확대였다. 참여정부와 이명박 정부에 이르러 장학금 예산은 대폭 증액되었고, 소득 분위에 따라 차등 지원하는 '맞춤형 국가장학금'이 도입되면서 저소득층 학생의 고등교육 기회가 크게 확대되었다. 2007년 0.1조원이던 장학금 예산은 2012년 1.9조원, 2013년에는 2.25조원으로 증가하며 실질적인 부담 경감 효과를 가져왔다.

그림 39. 2015년 이전한 한국장학재단 대구 본청 전경
(출처: 정부보도자료)

국가장학금은 학생 개인에 대한 직접 지원뿐만 아니라, 대학자체의 장학금확충노력을 고려하여 대학에도 장학금을 배정하는 이중 구조로 설계되어 대학 자체 재원을 활용한 장학금 확대를 유도했고, 이는 등록금 인상 억제의 수단으로도 작용하였다. 이와 함께, 재학 중 학비 부담을 덜어주고 졸업을 하더라도 소득 발생 시에 상환의무가 시작되는 '든든학자금'(ICL: Income Contingent Loan), 취업후상환대여장학금 제도도 마련되었다. 이 제도는 국세청, 건강보험공단, 사회보장시스템과 연계되어 소득 발생 시 국세청을 통해 자동으로 상환이 이뤄지는 시스템을 갖추고 있어, 다

른 국가에 비해 높은 효율성과 투명성을 자랑한다. 또한 정부는 필요시 재정 지원을 통해 대출 금리를 2~3% 수준의 저리로 유지하며 학생의 상환부담을 완화하고 있다.

이러한 장학 및 대출 제도를 종합적으로 운영하기 위해 2008년, 이명박 정부는 한국장학재단을 설립하였다. 이 재단은 채권 발행을 통한 재원 조달, 대출 서비스의 직접 운영, 대학과의 매칭 장학금 협력 등 고등교육 재정 지원을 전담하는 준공공기관으로서, 고등교육 기회의 형평성을 제도적으로 뒷받침하고 있다. 고등교육 기회가 확대되는 과정에서 경제적으로 필요한 계층에 대한 장학금정책은 매우 중요한 정책이다. 한국의 장학재단 모델은 많은 국가들의 관심을 받고 있다.

한국장학재단 설립에는 이명박 대통령의 개인적 경험이 큰 영향을 미쳤다는 일화도 있다. 상업고등학교 졸업 후 가정 형편상 바로 대학에 진학하지 못했던 그는 "이제는 가난 때문에 대학을 못 가는 일이 없도록 하겠다"는 확고한 의지를 가지고 재단 설립과 국가장학금 제도 확대를 추진하였고 전해진다.

광복 80년 : 한국을 만든 교육정책

35

신성장동력 인재양성:
반도체 이후 국가 먹거리를 찾아서

    대한민국은 자원도 부족하고 지정학적으로 불리한 나라였으나, 인재 육성에 집중함으로써 기적 같은 경제성장과 산업혁신을 이뤄냈다. 그 중심에는 언제나 시대를 선도하는 핵심인력 양성이 있었다. 1960년대 경제개발 5개년 계획과 함께 과학기술진흥 5개년 계획이 수립되면서 한국은 본격적인 기술국가의 길을 걷기 시작했다. 이후 중화학공업을 이끌 인재, 1980년대의 고급과학기술인력, 1990년대 이후 IT 중심의 전문인력 등 시대 변화에 맞춰 핵심산업의 인재를 체계적으로 양성해 왔다.

    이러한 흐름은 2000년대에 들어 차세대성장동력전략과 신성장동력전략으로 이어졌고, 이명박 정부는 2008년 '미래를 준비하는 17대 신성장동력 산업'을 선정하며 이를 체계적으로 육성하기 위한 인재양성계획을 추진하였다. 여기에는 녹색에너지, 첨단융합, 고부가가치 서비스 등 향후 세계시장을 주도할 가능성이 있는 분야들이 포함되었고, 정부는 각 분야별 전문 인재를 대학, 연구기관, 기업을 통해 연계 양성하는 데 주력했다. 2009년에는 교과부가 주도하여 관계부처 합동으로 신성장동력 인력양성계획도 수립하여 추진하였다.

그림 40. 이명박 대통령 주재 제29회 국가과학기술위원회와
제3회 미래기획위원회 합동회의(2009)
(출처: 대한민국 정책브리핑)

특히 이명박 정부의 신성장동력 인재양성계획은 단순한 교육 차원을 넘어 산업-교육-연구기관 간 협력 구조를 구축한 점에서 새로운 방식을 취했다고 평가된다. 예를 들어 그린자동차, 스마트 IT, 콘텐츠 산업 분야의 경우, 산학연 클러스터를 조성하고 대학 내 전문센터를 설치해 실무형 인재를 길러냈다. 이들은 향후 K-콘텐츠, K-모빌리티, AI 산업 등에서 중심 역할을 하며 한국의 기술력과 문화력 확산에 핵심적인 기여를 했다.

특히 콘텐츠 산업의 경우, 이 시기에 처음으로 정부 전략산업에 포함되면서 주목을 받기 시작했다. 물론 K-팝, 드라마, 게임 등의 세계적 인기는 민간의 창의성과 시장의 자율성에 크게 기인하지만, 정부 역시 콘텐츠 산업의 부가가치 창출 가능성을 일찍이 인식하고, 해당 분야의 인재들이 자유롭게 활동할 수 있도록 예산을 마련하고 기반을 조성했다는 점에서 일정 부분 기여했다고 평가할 수 있다. 이는 단순한 보조금 지원이 아닌, 산업 생태계의 확장을 위한 제도적 뒷받침이었다.

바이오 분야도 대표적인 신성장동력 산업으로 지정되어 주목을 받았다. 2010년 수립된「제2차 국가 바이오산업 발전 기본계획」을 통해 정부는 정원 확대보다는 교육의 질 향상, 산학협력 강화 등에 중점을 두었으며, 신성장동력전문대학원 제도를 도입하고 산업체협의회, 학과 조정 컨설팅 등을 추진하였다. 이러한 기반 속에서 양성된 인재들은 2020년 코로나19 팬데믹 시기에 신속한 진단키트 개발과 백신 생산 등에서 즉각적인 성과를 보여주었고, 이는 위기 대응력의 핵심 자산이 되었다.

또한 이 시기의 신성장동력 전략에는 녹색성장도 포함되어 있었다. 스마트 그리드, 고효율 에너지 시스템 등과 관련된 인재 양성도 추진되었으나, 차기 정부로 이어지지 못하고 정책 간 연계성과 지속성이 부족했던 점은 아쉬움으로 남는다. 만약 그 시기의 인재양성 기반이 보다 체계적으로 계승되었다면, 현재의 탄소중립과 에너지 전환 흐름 속에서 더 큰 주도권을 가질 수 있었을 것이다.

15년전 신성장동력 산업 인재양성 정책은 현재 한국이 반도체 제조국가를 넘어 기술과 문화, 보건, 친환경 산업까지 아우르는 종합 혁신국가로 도약하는 데 기반을 제공했다. 그 핵심은 산업과 교육, 민간과 정부, 현재와 미래를 연결하는 '인재'에 대한 지속적 투자와 신뢰였다. 향후에도 이러한 장기적 비전과 유연한 정책이 유지된다면, 한국은 다음 세대의 글로벌 트렌드에서도 경쟁력을 잃지 않을 것이다.

36

학교급식:
급식시간이 제일 좋아요

 아이들에게 학교에 가는 중요한 이유 중 하나는 바로 급식이다. 친구들과 함께 먹는 따뜻한 한 끼는 단순한 식사가 아닌, 하루 중 가장 기다려지는 시간일 수 있다. 실제로 많은 가정에서 "오늘 급식은 어땠니?"라는 질문으로 하루의 대화를 시작할 정도로, 급식은 아이들의 학교생활에서 중요한 위치를 차지하고 있다.
 대한민국은 현재 전 세계에서도 드물게 초·중·고 전 학년 무상급식을 시행하는 나라다. 하지만 이러한 무상급식 제도가 자리잡기까지는 오랜 시간과 사회적 논의, 제도적 변화가 있었다. 학교급식의 시작은 1975년 '학교급식시행지침' 제정에서 비롯되며, 법적으로는 1981년 '학교급식법'과 '학교급식시행령'이 제정되면서 체계가 갖추어지기 시작했다.
 1980년대에 들어 핵가족화가 가속화되고 여성의 사회진출이 늘어나면서 가정 내 식사 준비와 도시락 마련이 점차 부담으로 인식되었다. 동시에, 결핍보다는 영양의 불균형과 잘못된 식습관이 건강문제로 떠오르면서 학교급식의 필요성이 다시 제기되었다. 1990년대 이후, 초등학교를 시작으로 급식은 점차 전국적으로 확대되었다.

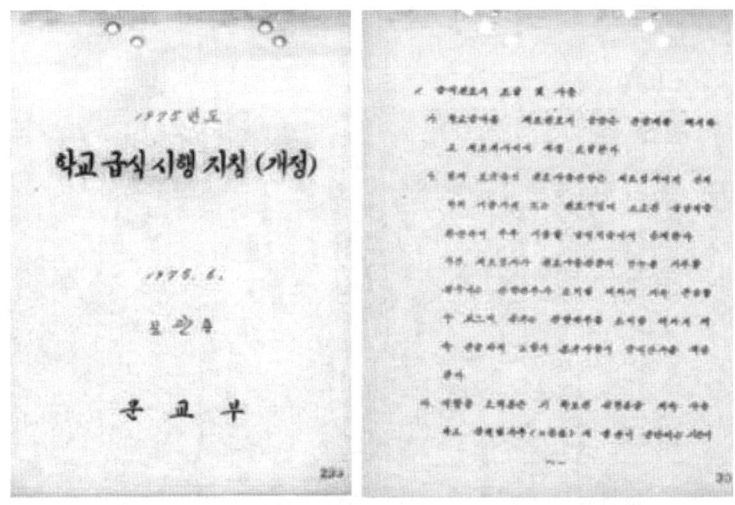

그림 41. 문교부(현 교육부)의 학급급식 시행지침(1975)
(출처: 국가기록원)

1998년부터는 전국 모든 초등학교에서 급식이 실시되었고, 중학교와 고등학교도 차례로 급식을 도입했다. 특히 고등학교의 경우, 민간이 투자하여 급식시설을 짓고 일정 기간 운영 후 국가에 기부채납하는 방식(BTL방식)으로 식당을 확충했다. 이 모델은 재정여건이 열악한 개발도상국에서 민간자원을 활용한 공공 인프라 확충의 좋은 사례로 참고할 수 있다.

한편, 무상급식에 대한 논의가 2000년대 중반부터 본격적으로 대두되었다. 2003년 시민운동 단체들이 무상급식을 주장했지만 당시 정치권의 반응은 냉담했다. 그러나 경제위기 이후 급식비를 낼 수 없는 가정이 늘어나면서, 무상급식의 필요성은 점차 사회적 공감대를 얻기 시작했다. 실제로 급식비 미납 학생 수는 2006년 17,000여 명에서 2008년에는 170,000여 명으로 급격히 증가했다.

그림 42. 초등학교 급식 모습
(출처: 매일신문, 2018)

2010년 지방선거에서 진보 성향의 교육감들이 '전면 무상급식'을 공약으로 내세우며 논쟁이 본격화되었고, 결국 2011년 초등학교 무상급식이 시작되었다. 이후 중학교, 그리고 2018년부터는 고등학교까지 무상급식이 확대되면서 대한민국은 학교에서 모든 학생이 무료로 점심식사를 제공하는 국가가 되었다. 무상급식은 저소득층학생들이 무료식사를 제공받기 위한 행정절차를 거치면서 겪게 되는 심리적 위축감을 없애 주었고, 특별한 계기가 아니면 학생들간 가정배경의 차이를 알 수 없도록 하는 부수적인 효과도 가져왔다.

학교급식은 학생들에게 균형 잡힌 식사를 제공할 뿐만 아니라, 어린 시절부터 건강한 식습관을 기르고 비만·영양 불균형을 예방하는 데에도 중요한 역할을 한다. 이는 단순히 배를 채우는 것을 넘어, 아동기의 건강을 증진시키고 향후 성인병 예방에도 긍정적인 영향을 주는 중요한 복지 정책으로 평가된다. 특히 가정의 사회경제적 수준과 상관없이 모든 아이가 같은 질의 식사를 제공받음으로써, 건강 불평등을 줄이는 데에도 기여하고 있다.

또한, 학교급식은 지역 농가에도 안정적인 판로를 제공하여 농산물 유통 생태계를 구축하는 데에도 긍정적인 영향을 준다. 물론 무상급식 초기에는 급식의 질에 대한 불만도 있었으나, 일부 학교에서 급식사진을 홈페이지에 게시하고, 학부모 참관제 및 식재료 검수 시스템이 강화되면서 급식의 질과 안전성은 지속적으로 향상되었다. 최근에는 집단급식에 따른 식중독 사고도 현저히 줄어들어, 학교급식은 점점 더 안전하고 신뢰받는 제도로 자리잡고 있다.

최근 들어 개발도상국들 사이에서도 학교급식의 중요성에 대한 논의가 활발해지고 있다. 대한민국의 학교급식 제도는 단순한 복지를 넘어, 교육, 보건, 지역경제를 아우르는 통합적 정책모델로 자리잡고 있다. 이러한 경험이 앞으로 더 많은 나라에서 아이들의 건강하고 평등한 성장을 돕는 정책을 수립하는 데 참고사례가 되기를 바란다.

광복 80년 : 한국을 만든 교육정책
37

마이스터고:
취업률 100% 대통령표 직업교육

    지금은 많은 학생들이 선망하는 마이스터고지만, 사실 그 뿌리는 훨씬 더 오래 전으로 거슬러 올라간다. 한국은 1970년대 중화학공업 중심의 산업구조 전환을 추진하면서, 이에 발맞춰 실업계 고등학교를 대대적으로 육성했다. 정부는 당시 경공업 위주의 산업구조에서 중화학공업 중심으로 전환하기 위해 무엇보다도 산업현장에서 바로 투입 가능한 기술인력을 빠르게 양성할 필요가 있었다.

    이 시기 정부는 실업계고를 전략적으로 설립하고 지원했다. 실업계고 졸업생들은 대부분 제조업과 중화학공업 분야에 바로 취업해, 산업 성장을 뒷받침하는 중요한 역할을 해냈다. 그만큼 취업률도 매우 높았고, 자연스럽게 실업계고에 대한 사회적 인식도 점차 개선되기 시작했다. 정부는 우수한 인재들이 실업계고에 진학하도록 하기 위해 대학 특별전형 제도를 마련했고, 예산지원도 아끼지 않았다. 실제로 1970년 말에는 실업계고에 대한 정부 예산이 고등교육 예산에 근접할 정도로 정부의 직업계고에 대한 지원이 높았다.

하지만 1980년대 후반부터 상황이 달라졌다. 대학 진학률이 급격히 높아지고, 대학 졸업자의 취업도 비교적 잘 이뤄지면서 학생과 학부모의 인문계 선호 경향이 강화되었다. 1990년대 후반, 대학 진학률이 70%를 넘어서면서 실업계고의 인기와 비중이 점점 낮아졌다.

이런 배경 속에서 새로운 방향의 직업교육 정책이 필요하다는 공감대가 형성되었고, 그 결과 2008년, 당시 대통령이 주도하여 마이스터고 정책이 출범하게 된다. 단순히 직업교육을 강화하는 것이 아니라, 고등학교 졸업만으로도 양질의 일자리에 취업이 가능하고, 대학에 가지 않아도 존중받을 수 있는 사회를 만들겠다는 목표였다.

당시 한국 사회는 대학 진학률이 70%를 넘어 학벌 위주의 사회가 굳어지고 있었다. 대학을 졸업하고도 취업이 어려운 청년들이 많았음에도 실업계고에 대한 사회적 인식은 점점 낮아지고 있었다. 이런 문제를 해결하기 위해, 정부는 산업현장과 밀접히 연계되고 실업계 고등학교에 대한 사회적 인식을 바꿀 수 있는 고등학교를 만들고자 했다. 그것이 바로 마이스터고다.

당시 대통령은 마이스터고를 설명하며 이런 말을 했다. "마이스터고를 졸업하고 4년 동안 기업에서 현장 경험을 쌓은 청년이, 대학을 졸업한 사람보다 더 대우받는 사회를 만들겠다." 이는 단순히 직업교육을 강화하겠다는 차원을 넘어, 학력이 아닌 능력중심

사회로의 전환을 목표로 한 것이라고 볼 수 있다.

그림 43. 이명박대통령이 참석한 제1회 마이스터고등학교 졸업식
(출처: e-영상 역사관)

정부는 마이스터고를 통해 "취업률 100% 보장"을 목표로 내세웠다. 이를 위해 산업체, 지자체, 학교가 함께 협력해 교육과정을 설계했고, 현장 중심의 수업과 실습을 확대했다. 실제로 마이스터고 졸업생의 취업률은 2020년대 초반까지 90% 이상을 유지하고 있다. 단지 취업률이 높은 것만이 아니라, 취업처의 질도 우수하고 학생들의 만족도도 높고 국민적인 인식개선에 성공하였다고 평가받는다.

마이스터고 졸업생에게는 다양한 혜택이 주어진다. 우수기업 취업 연계는 물론이고, 취업이 확정된 경우 최대 4년간 입영을 연기

할 수 있다. 중소기업에 취업한 경우에는 산업기능요원으로 대체 복무도 가능하며, 3년 이상 경력을 쌓으면 재직자 특별전형으로 대학 진학도 가능하다. 수업료와 입학금이 전액 지원되고, 기숙사 제공, 연수 기회, 장학금 등도 마련되어 있다.

현재는 전국에 약 44개 마이스터고가 운영 중이며, 기계·에너지·철강·바이오·해양 등 다양한 산업 분야에 맞춘 교육이 이뤄지고 있다. 대부분 전국 단위로 모집하며, 중학교 졸업생 중 상위권 학생들이 입학을 희망할 정도로 경쟁력 있는 학교로 자리 잡았다.

이처럼 마이스터고는 직업교육에 대한 사회적 인식을 바꾸고, 학벌 중심 사회에서 대안을 보여주는 정책 성공 사례로 평가받고 있다. 개발도상국에서도 이와 같은 모델은 충분히 적용 가능하다. 직업계고에 대한 부정적 인식이 고착된 경우일수록, 한국처럼 선택과 집중을 통해 일부 우수 학교를 먼저 성공시키고, 그 평판을 기반으로 전체 실업계고의 이미지를 개선하는 전략이 효과적일 수 있다. 중요한 것은, 매우 어려운 일이란 점과 획기적인 재정지원, 정책의 일관성이 장기간 유지되어야 한다는 점이다.

38

국가 수준 학업성취도 평가:
양날의 검

한국은 전통적으로 '시험에 강한 나라'로 불린다. 실제로 OECD가 주관하는 만 15세 학생 대상 국제학업성취도평가(PISA)에서 시험에 참가한 이래 한국은 매번 상위권을 차지하고 있으며, 수학과 과학 분야의 학업 성취도를 평가하는 TIMSS(국제수학·과학성취도평가)에서도 꾸준히 우수한 성과를 보여왔다.

한국의 지나친 경쟁교육과 지식전달 위주의 교육에 대한 국제적인 비판이 높은 것도 사실이지만, 특히 수학 분야에서는 세계적으로 높은 수준의 성취를 지속적으로 기록하고 있어, 여러 선진국들 사이에서도 한국 교육의 성과는 깊은 관심의 대상이 되고 있다.

시험 중심의 교육은 필연적으로 역기능이 수반되었다. 평가 결과에 대한 경쟁이 과열되면서 학교 현장에서는 교육과정이 시험 대비 위주로 운영되거나, 학생들이 학습의 본질보다는 성적에 집중하게 되는 부작용도 나타났다. 그럼에도 불구하고 평가는 여전히 교육의 방향을 조정하고 학습 결손을 조기에 발견하는 중요한 수단으로 기능하고 있으며, 이와 같은 평가 시스템은 한국 교육의 경쟁력을 뒷받침해 온 핵심 요소이자 동시에 지속적으로 성찰이 필요한 과제라고 할 수 있다.

이처럼 한국은 평가를 통해 교육의 질을 관리하고 학습 결손을 조기에 진단해 온 전통을 가지고 있다. 이러한 흐름 속에서 2008년, 이명박 정부는 국가 수준 학업성취도 평가(National Assessment of Educational Achievement)를 모든 학생이 참여하는 전수조사로 확대하였다. 이 평가는 전국 학생들의 교육과정 도달 정도를 체계적으로 파악하고, 그 결과를 바탕으로 기초학력이 부족한 학생을 조기에 찾아내어 필요한 지원을 제공한다는 목적에서 출발한 제도이다.

이 평가는 국어, 수학, 영어 등의 주요 과목을 중심으로, 학생의 성취도를 우수학력-보통학력-기초학력-기초학력 미달 네 단계로 구분해 통보한다. 학부모는 자녀의 학업 수준을 객관적으로 확인할 수 있고, 학교는 학력 미달 학생의 규모와 특성을 파악해 적절한 예산과 지원, 상담 교사, 지역 사회의 자원 등을 연계할 수 있는 근거를 확보하게 된다. 또 학생과 학교를 대상으로 한 설문조사도 함께 실시되어, 가정환경·학교생활·학습태도 등 성취도에 영향을 주는 다양한 요인이 분석되어 제공되었다.

이러한 정부차원 학력평가의 역사는 생각보다 오래되었다. 그 시작은 무려 1959년, 중앙교육연구소가 실시한 초등학교 기초학력평가로 거슬러 올라간다. 이후 1970~80년대에는 '전국적 학력

평가'라는 이름으로 초·중학교를 대상으로 다양한 방식의 평가가 이뤄졌고, 1998년부터는 한국교육과정평가원이 본격적으로 국가수준 교육성취도 평가를 매년 실시해 왔다.

그러나 모든 제도에 양면이 있듯, 전수 평가 방식은 학교와 교사에게 과도한 부담을 주었고, 학생 간 경쟁을 과열시키고 사교육을 부추긴다는 비판도 컸다. 이로 인해 문재인 정부 시절인 2017년부터는 다시 표본조사 방식으로 전환되었다. 물론 현재도 국가 수준에서 평가 문항을 출제하고 결과를 분석하는 체계는 그대로 유지되고 있으며, 이를 통해 얻는 데이터는 여전히 교육 정책의 과학적 기초자료로 활용되고 있다.

최근 한국 정부는 교육의 내용과 방법을 혁신함으로써 아이들의 흥미를 이끌고, 누구도 배움에서 소외되지 않도록 하는 데 정책의 초점을 맞추고 있다. 이는 단순히 성적 중심의 교육에서 벗어나, 모든 학생이 자신의 속도에 맞춰 성장할 수 있도록 돕는 포용적 교육으로의 전환을 의미한다.

이러한 맥락에서 국가수준 학업성취도 평가는 단순히 학생을 줄 세우기 위한 시험이 아니라, 학습에 어려움을 겪는 학생을 조기에 발견하고 필요한 지원을 제공함으로써 교육의 형평성과 기회를 보장하는 중요한 수단으로 활용될 수 있다. 특히 학교 현장의 자율성과 조화를 이루며 운영된다면, 이 평가는 교육복지의 출발점이자 모두를 위한 포괄적 교육 체제로 나아가는 기반이 될 수 있다.

물론 시험이 교육 활동의 방향을 지나치게 좌우하거나 과도한 경쟁을 유도하는 등의 부작용도 존재한다. 그러나 교육의 질을 진단하고 체계적인 지원을 설계해야 하는 개발도상국의 입장에서는, 국가 차원의 전문적인 평가시스템을 구축하고 그 결과를 분석, 활용하는 역량이 매우 중요하다. 이러한 점에서 한국교육과정평가원이 축적해 온 평가 설계와 운영의 경험은 국제적으로도 주목받고 있으며, 한국의 노하우를 배우고자 하는 국가들의 협력 요청이 점차 늘어나고 있다.

광복 80년 : 한국을 만든 교육정책

39

World Class University 만들기:
고등교육 국제화

    최근 한국의 대학들은 학령인구 감소, 수도권과 비수도권 간 격차, 연구 성과의 정체, 교육의 질 저하 우려 등 여러 도전에 직면해 있다. 등록금 동결과 재정 제약 속에서 대학의 자율성과 지속 가능성을 확보하기 위한 구조적 개혁도 요구되고 있다. 이러한 문제 속에서 "한국 대학은 과연 국제적으로 어느 수준에 도달했는가?"라는 질문이 자연스럽게 제기된다.

    국제 평가 지표는 이에 대한 하나의 답을 제시한다. 2025년 QS 세계대학평가에 따르면, 5개 한국 대학이 세계 100위 안에 포함되었다. 이는 1999년 BK21(두뇌한국 21) 사업이 시작되던 시점, 단 한 곳도 100위권에 들지 못했던 상황과 비교하면 괄목할 만한 성과다고 생각한다. 전 세계적으로 100위 안에 6개 이상 대학이 포함된 국가는 미국, 영국, 호주, 중국(홍콩 포함)뿐이며, 5개 대학이 포함된 국가는 한국 외에 독일만 존재한다. 이는 한국이 고등교육 경쟁력 면에서 선두그룹의 위상이 높아졌음을 알려주는 하나의 지표라 할 수 있다.

이러한 국제적 도약의 배경에는 정부 주도의 고등교육 국제화 정책이 기여하였다. 출발점은 1999년 출범한 BK21(두뇌한국21) 사업이었다. 이 사업은 세계 100대 대학 진입을 국가적 목표로 설정하고, 대학원 중심의 연구 인력 양성과 연구기반 확충에 대규모 예산을 투입하였다. 석·박사 과정 학생과 신진 연구자에게 안정적인 연구 환경을 제공함으로써 국내 대학의 논문 생산성과 국제 학술 활동이 활성화되었고, 이는 대학의 학문적 위상 제고로 이어졌다.

이후 2008년부터는 WCU(World Class University) 사업이 추진되었다. 이 사업에 대한 평가는 성과에 있어서 논란이 있어서 BK 21과는 다르게 후속사업으로 발전하지 못한 한계가 있다. 이 사업은 세계적 석학을 국내 대학에 초빙하여 전임 교수로 임용하거나, 새로운 융복합 학과를 신설하는 등 국내 대학의 구조적 혁신을 촉진한 정책이다. 이 사업을 통해 해외 연구자들과의 협력 기회가 늘었고, 학생들은 글로벌 수준의 교수진과 함께 연구하고 배울 수 있는 환경을 경험할 수 있었다. 또한 연구실내에 수평적이고 민주적인 토론문화 조성에도 기여하였다는 평가도 있다. 비록 일부 외국인 교수의 체류 기간이 짧거나 협업이 제한적이었다는 한계도 있었지만, 국내 대학의 국제적 학술 생태계를 다지는 데 중요한 계기가 되었다.

이와 함께 영어 강의 확대와 외국인 교수 채용도 대학 교육의 국제화에 기여하였다. 특히 KAIST, POSTECH 등 이공계 특화 대학은 상당수 강의를 영어로 운영하며, 글로벌 학습 환경을 선도하고 있다. 이러한 노력은 외국인 유학생뿐 아니라 국내 학생들의 외국어 능력과 국제 감각 향상에도 긍정적인 영향을 미쳤다. 그러나 영어강의 확대정책은 당시 수업의 질이 확보되지 않는 등 부정적 영향이 대두되어 현재는 주춤한 정책이다.

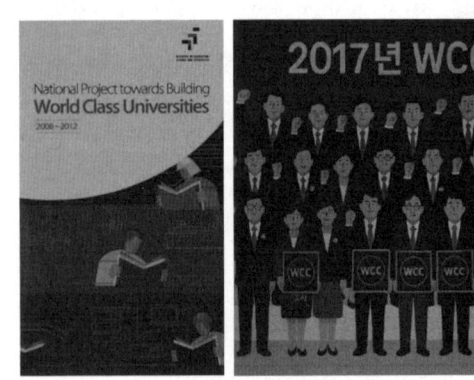

그림 44. 세계적 수준의 대학(WCU) 사업 소개 영문자료(교육부) 및
세계적 수준의 전문대학(WCC)대학 출범식
(출처: 대구보건대학교, 2017)

또한 정부는 2004년부터 Study Korea 프로그램을 통해 외국인 유학생 유치 정책을 본격적으로 추진했다. 정부초청장학금 확대, 비자 제도 개선, 해외 유학 박람회 개최 등 다양한 수단을 통해 아시아를 포함한 세계 각국의 학생들이 한국 대학에 진학할 수 있도록 유도하였으며, 그 결과 외국인 유학생 수는 꾸준히 증가했다. 이는 캠퍼스의 다문화적 환경을 확대시켰을 뿐 아니라, 외국인 교원수, 학생수 등이 포함되어 국제화 수준을 평가하는 세계대학평가 지표 향상에도 도움을 주었다. 물론 유학생 증가에 따른

언어·문화 차이, 학업 적응 등 현실적 어려움도 일부 존재한다. 유학생 수가 증가하면서 학업이나 취업을 지원하는 정책이 필요하고 국내학생들과 융합할 수 있는 프로그램 운영이 필요하다.

종합적으로 볼 때, BK21, WCU, 영어강의 확대, 산학협력 강화, Study Korea 사업 등은 지난 수십 년간 한국 고등교육의 국제화를 이끈 주요 정책들이었다. 초기에는 대학의 양적 성장에 초점을 맞추는 경향이 있었지만, 시간이 흐르면서 국제 경쟁력을 확보하는 방향으로 정책의 초점이 점차 이동해왔다.

대학은 우리 사회의 소중한 자산이다. 한국 대학이 진정한 세계 수준의 교육·연구 허브로 자리매김하기 위해서는 지금까지의 성과에 만족하지 않고, 보다 정교하고 장기적인 국제화 전략을 수립할 필요가 있다. 현재 우리나라 대학은 QS 세계대학순위에서 100위권에 5개, 200위권에 7개 대학이 포함되어 있으며, 이는 일본이나 중국과 유사한 수준이다. 그러나 500위권 대학의 수는 13개로, 중국(23개)에 비해 여전히 낮은 편이다. 세계 상위 500위권 대학의 저변을 넓히기 위해서는 지역과 대학이 함께 노력할 필요가 있다.

또한 단순히 외국인 유학생 유치에 그치지 않고, 유학생유치 정책이 국내 학생들에게도 긍정적인 평가를 받을 수 있도록 하고, 국내학생들의 다양한 국제 경험을 제공하며, 대학이 글로벌 지식 흐름의 중심이 될 수 있도록 자율성과 창의성을 더욱 강화해 나가야 한다. 세계적 수준의 대학으로 나아가기 위한 여정은 아직 끝나지 않았으며, 앞으로도 꾸준한 혁신과 도전이 필요하다.

유아교육의 공공성 강화:
이젠 유아기가 결정한다

유아기는 인간 발달의 기초가 형성되는 시기로, 이 시기의 교육은 개인의 삶뿐 아니라 사회 전체의 미래에도 깊은 영향을 미친다. 노벨경제학상 수상자인 제임스 해크먼(Heckman, 2006)은 유아기 교육이 사회성, 인지력, 건강, 장기 소득에 중대한 영향을 미치며, 특히 사회적 격차를 줄이는 데 효과적이라고 강조한 바 있다. 이러한 연구들은 유아교육이 단순한 보육이 아니라, 사회정책의 핵심이라는 사실을 뒷받침한다.

한국의 경우 유아교육에 대한 관심이 비교적 일찍 시작되었으나, 1980년 이후 양적으로 팽창하였고 이후 유아교육 참여율 제고와 질적 향상을 위해 꾸준히 노력해 왔다. 그 결과, 오늘날 한국의 유아교육은 세계적으로도 주목받는 수준에 도달하였다.

법적으로는 의무교육 대상이 아니지만, 한국의 유아교육 참여율은 세계 최상위권이다. 2022년 기준으로 만 3~5세 아동의 유아교육기관 취원율은 93.7%로, OECD 평균인 87.3%를 크게 웃돌고 있다. 이는 미국(66.6%), 영국(95.0%), 프랑스(100%) 등 주요 선진국들과 비교해도 높은 수치다. 이처럼 유례없이 높은 유아교육 참여율은 국가의 정책적 개입과 국민들의 교육에 대한 높은 관심이 결합된 결과라고 할 수 있다.

실제로 1980년대 초반만 해도 유아교육기관에 다니는 아동은 전체 유아의 17%에 불과했다. 그러나 이후 참여율은 점진적으로 상승하였고, 2000년대 초반에는 50%를 돌파하였다. 특히 2012년, 교육과 보육을 아우르는 누리과정이 도입되면서 무상보육 및 유아학비 지원 정책이 본격화되었고, 이에 따라 유아교육 참여율은 단기간에 90%대를 넘어서는 급격한 성장을 이루었다. 전 세계적으로 이처럼 짧은 시간 안에 유아교육 참여율이 두 배 이상 상승한 사례는 매우 드물다. 유아교육의 경우 초중등교육과 달리 기관에 운영비를 지원하는 형식이 아닌, 유치원에 등록한 학생수를 기반으로 교육비를 교육청에서 유치원에 직접지원하는 방식으로 추진되어, 학부모의 선택이 중요한 축을 이루도록 하였다.

양적인 성장뿐 아니라 질적인 측면에서도 한국의 유아교육은 국제 사회에서 긍정적으로 평가받고 있다. OECD가 발표한 2018년 『Starting Strong』 보고서에 따르면, 한국은 유아교사의 자격 기준, 교육과정의 일관성, 부모 지원체계 등의 부문에서 높은 점수를 받았다. 특히 '누리과정'은 교육과 보육의 경계를 허물고 모든 아동에게 공통의 교육기회를 제공함으로써 교육 형평성에 크게 기여한 정책으로 평가된다.

그러나 여전히 해결해야 할 과제도 있다. 기관 간 시설 격차, 교사 처우의 불균형, 사립 위주의 운영 구조 등은 유아교육의 질적 향상을 저해하는 요소로 지적된다. 특히 도심지역 유치원의 90% 이상이 사립으로 운영되고 있어, 지역 간 격차 해소와 공공성 강화도 핵심 과제로 떠오르고 있다. 정부는 이에 대응하여 도시 및 택지개발지역 내 공립유치원 설립을 의무화했으나, 2016년 이후 시·도교육감의 재량으로 일부 조정이 가능하게 된 상황이다.

그림 45. 유아 및 유치원 활동사진(1970년대)
(출처: 국가기록원)

유아교육의 공공성 강화를 위한 제도 개선도 진행 중이다. 1982년 제정된 「유아교육진흥법」을 시작으로, 1991년에는 「영유아보육법」이 제정되면서 유치원(교육부 소관)과 어린이집(보건복지부 소관)의 이원화 구조가 제도화되었다. 이후 2012년 누리과정을 통해 유치원과 어린이집 간 교육과정은 통합되었지만,

여전히 행정 체계는 이원화된 상태였다. 이에 따라 정부는 2022년부터 주무 부처를 교육부로 일원화하고, 교사 자격, 시설 기준, 재정 구조 등을 통합하기 위한 정책을 추진하고 있다. 이는 유아교육기관 간의 통합과 표준화를 위한 의미 있는 진전이라 할 수 있다.

오늘날 한국의 유아교육정책은 단순히 높은 참여율과 양적 성장에 만족하지 않고 공공성과 형평성을 고려하며 질적 수준을 함께 높이고, 놀이와 돌봄 중심의 유아교육을 더욱 강화하는 방향으로 진행되고 있다. 모든 아동이 차별 없이 안전하고 평등한 환경에서 성장할 수 있도록 하는 것은 곧 한국 사회 전체의 지속 가능성과 직결되는 과제다.

광복 80년 : 한국을 만든 교육정책

41

외국교육기관 국내설립인가:
한국에 외국대학이 있다고요?

"한국에도 외국대학이 있어요?" 아직도 많은 이들이 이 질문에 고개를 갸우뚱한다. 그러나 인천 송도에는 뉴욕주립대를 비롯한 세계 유수 대학들의 한국 캠퍼스가 운영 중이며, 이들은 고등교육법과 경제자유구역법에 따라 합법적으로 설립되고 운영되고 있다. 한때 해외유학 열풍에 휩쓸리던 한국 교육정책은, 이제 명문 외국대학이 한국을 주목하게 만드는 역유학 플랫폼으로 진화하고 있다.

이 정책의 출발점은 해외유학 붐과 그에 따른 문제의식이었다. 1980년대 후반 해외유학 규제 완화와 1990년대 세계화 흐름 속에서 유학생 수는 급증했고, 특히 1994년부터 외환위기를 겪기 전까지는 매년 1만 명이 넘는 초·중·고 학생들이 조기유학을 떠났다. 이 현상은 '기러기 아빠'라는 사회적 신조어를 낳았고, 유학수지는 지속적으로 악화되었다. 단순한 교육 선택을 넘어, 유학은 가정경제와 지역사회에 부담으로 작용했다.

이를 해결하고자 정부는 2011년 '경제자유구역 내 외국교육기관 설립'을 법제화했다. 해외 유학 수요를 국내에서 흡수하고, 외국인 유학생 유치 및 지역 개발을 동시에 실현하려는 전략적 접근이었다. 이에 따라 2014년 뉴욕주립대가 인천 송도에 한국 캠퍼스를 설립했고, 이듬해에는 뉴욕주립대 FIT(패션기술대학), 유타주립대, 벨기에 겐트대, 조지메이슨대학 등이 잇따라 분교를 열었다.

당시에는 학생 모집에 대한 회의적 시선이 있었지만, 인천경제자유구역청과 대학들의 협력, 그리고 교육부의 주기적인 컨설팅, 대학정보의 공시정책 등의 추진과 함께 아래 모든 캠퍼스가 정부 승인 정원을 안정적으로 채우며 운영되고 있다. 외국대학이 한국에서 정식으로 분교를 설립하려면, 교육부 산하 외국교육기관설립심사위원회의 엄격한 심의를 통과해야 하며, 교육과정, 교원 자격, 시설 기준, 본교의 의지와 지배구조 등 다양한 요건을 충족해야 한다. 승인 이후에는 해외 본교의 법인분소 형태로 운영된다.

물론 일부에서는 "국내에도 대학이 많은데 굳이 외국대학까지 유치해야 하느냐"는 비판도 제기되었다. 그러나 정부는 이 정책이 단지 외국인을 위한 것이 아니라, 국내 고등교육의 국제 경쟁력을 강화하는 계기도 될 수 있다고 보았다. 실제로 한국 대학들의 국제 순위는 꾸준히 상승했고, 외국대학 유치는 국내 대학의 국제화 노력에 긍정적 영향을 주고 있다.

무엇보다 중요한 변화는, 한국이 유학 순유출국에서 순유입국으로 전환되었다는 사실이다. 한때 25만 명에 달했던 해외 유학생

수는 최근 약 12만 명 수준으로 감소했고, 2023년부터는 해외로 나가는 유학생보다 들어오는 유학생 수가 더 많은 국가로 바뀌었다. 이는 단지 외국대학의 분교 설립 효과를 넘어, 한국 고등교육의 환경과 브랜드가 글로벌 학습자에게 경쟁력을 갖기 시작했다는 증거이기도 하다.

그림 46. 송도 외국교육기관인 조지메이슨 대학 개교 10주년 기념행사
(출처: 한국대학신문)

더 주목할 점은, 이제는 다른 나라들이 한국대학을 유치하고자 한다는 점이다. 사우디아라비아, 말레이시아, 인도, 카자흐스탄 등은 자국의 고등교육 경쟁력 강화를 위해 해외대학 캠퍼스를 유치하려 하고 있으며, 한국 대학의 해외 캠퍼스를 자국에 유치하려는 의지 또한 적극적이다.

2021년 기준 세계 해외유학생 규모는 약 612만명 규모이며, 국가들 간 인재 유치 경쟁은 더욱 치열해지고 있다. 글로벌 우수 인재를 유치하고, 자국 대학의 해외 진출을 모색하는 교육 허브 국가로의 전환이 본격적으로 요구되고 있다. 한국이 싱가포르와 같은 아시아 교육의 허브가 되기 위해, 교육 프로그램의 국제화와 외국인을 위한 정주 여건이 함께 개선되어야 할 것이다.

자유학기제 도입:
이제는 행복한 교육으로

 한국의 교육은 오랫동안 입시 중심의 경쟁 구조 속에서 발전해 왔다. 학생들은 성적이라는 단일한 기준에 맞춰 줄을 서야 했고, 이는 학업 성취만을 중시하는 분위기를 만들어냈다. 그러나 이로 인해 학생 개개인의 삶의 질, 특히 행복감은 뒷전으로 밀려났다. 실제로 2010년대 한국은 경제지표가 개선되었음에도 불구하고, 청소년 행복지수는 OECD 국가들 중 최하위권을 벗어나지 못했다. 교육 현장에서도 "행복하게 배우는 법"에 대한 필요성이 점점 더 제기되었다. 당시 박근혜정부의 교육모토는 "꿈과 끼를 키우는 행복교육"이었다.

 이런 문제의식 속에서 등장한 것이 자유학기제다. 이 제도는 중학교 과정 중 한 학기 동안 학생들이 시험 부담에서 벗어나, 자신의 꿈과 적성을 탐색할 수 있도록 돕는다. 토론, 실습, 체험 중심 수업을 통해 진로 탐색과 자아 성찰을 유도하며, 학생 중심 교육의 출발점이 되었다. 2013년 시범 운영을 시작으로 2016년부터 전국 모든 중학교로 확대되었고, 교사와 학생 모두로부터 긍정적인 반응을 얻고 있다.

그림 47. 2017년 더케이호텔에서 열린 자유학기제 수업콘서트 개회식 및 연구대회 시상식 모습
(출처: 교육부)

자유학기제가 강조하는 '체험 중심 교육'은 국제적으로도 중요한 흐름이다. 덴마크의 '에프터스콜레(Efterskole)' 제도는 그 대표적 사례다. 에프터스콜레는 14세에서 18세 청소년들이 일반 교육과정(1~10학년)을 마치기 전, 또는 고등학교 진학 전 1년간 다양한 경험을 통해 진로를 탐색할 수 있는 기회를 제공하는 학교다. 외국어, 예술, 스포츠, 항해, 국제교류, 학습장애 지원 등 특정 분야에 초점을 맞춘 '특성화된 학교'로, 학생들은 자신의 관심과 필요에 따라 학교를 자유롭게 선택할 수 있다.

이 시기는 단순한 휴식이 아니라, 인생의 중요한 전환점에서 자신이 어떤 길을 가고 싶은지를 스스로 가늠해보는 '인생 설계'의 시간이기도 하다. 덴마크는 이처럼 교육을 통해 청소년에게 '자기 삶을 설계할 시간'을 보장하며, 세계에서 손꼽히는 높은 행복지수를 유지하고 있다.

자유학기제는 단지 교육 방식의 변화가 아니라, 우리 사회가 지향해야 할 새로운 삶의 철학—즉 '행복한 삶'으로 나아가는 방향과 맞닿아 있다. 필자는 자유학기제가 덴마크의 에프터스콜레를 벤치마킹한 제도라는 점에서, 단순한 교육제도를 넘어서 우리 아이들의 행복지수를 높이고, 우리 사회를 덴마크처럼 행복한 나라로 변화시키려는 의지를 담고 있다고 생각한다.

실제로 자유학기제를 통해 학생들은 진로에 대해 고민할 시간을 가지며, 학교생활에 대한 만족도와 창의성, 사회성, 자기주도성이 향상되었다는 긍정적인 평가를 받고 있다. "나를 공부하자"라는 모토도 신선한 접근이고 우리 교육에 의미있는 반향을 일으켰다. 학생들이 자기 스스로 무엇을 좋아하고 어떤 일을 할 때 몰입감과 행복을 느끼는지에 대해 알아갈 수 있는 교육을 제공하는 것은 선진교육에서 매우 중요한 목적이다. 일부 학교에서는 자유학기제 도입 이후 학교폭력 사례가 급감했다는 보도도 있다. 이는 시험 부담에서 벗어나 체험활동을 통해 관계 형성과 자기 표현의 기회가 늘어난 덕분이다.

자유학기제는 단지 '시험 없는 학기'가 아니라, 한국 교육의 패러다임 전환을 상징하는 제도이다. 학생 중심 수업, 자율적인 교육과정 운영, 성장을 위한 평가로의 전환은 한국 교육의 미래를 바꾸는 중요한 발걸음이었다. 물론 이러한 변화가 성공하기 위해서는 학부모들의 인식 전환이 필수적이다. 자녀가 입시경쟁에서 앞서기보다 자신만의 길을 찾아갈 것을 지지하는 부모들이 많아지고 이러한 부모들이 사회적 주류를 형성하게 될 때, 우리 교육은 진정한 의미의 '행복 교육'으로 자리 잡을 수 있을 것이다.

한국의 교육이, 그리고 우리 아이들의 삶이 더 이상 경쟁과 줄세우기의 무대가 아니라, 진정으로 행복을 발견해가는 과정이 되기를 바란다. 자유학기제를 통해 학생들이 자신만의 의미 있는 길을 찾아가고, 나아가 한국 사회 전체의 행복지수 또한 높아지기를 희망한다. 수많은 교사들이 이러한 목표를 위해 헌신하고 있음을 믿는다.

43

창업교육의 정착:
아직 창업하기엔 이른 대학생?

    불과 얼마 전까지만 해도, 한국에서 대학생이 창업한다는 것은 생소하고 위험한 선택으로 여겨졌다. 안정된 직장을 선호하는 사회 분위기 속에서 창업은 일부 특별한 사람들만이 도전하는 일처럼 인식되곤 했다. 그러나 지난 10여 년간, 한국 대학에서는 정부의 정책적 뒷받침과 함께 창업 교육이 점차 제도적으로 자리 잡기 시작했다. 이제는 많은 대학들이 창업을 하나의 진로로 인식하고, 이를 체계적으로 지원하는 교육과 환경을 갖춰가고 있다.

    정부가 창업에 본격적으로 관심을 기울이기 시작한 것은 2011년 '창업선도대학' 사업부터였다. 중소기업청이 주관한 이 사업은 전국의 일부 대학을 중심으로 창업 교육과 실습, 멘토링, 자금 지원 등을 집중적으로 제공하며, 대학을 창업 인재 양성의 거점으로 삼는 시도였다. 교육과학기술부에는 '취업창업지원과'가 처음으로 신설되었다. 이는 교육 정책에서 창업을 독립적인 분야로 분리하고 전담 조직을 둔 첫 사례로, 이후 대학 창업 교육의 제도적 기반을 마련하는 데 큰 역할을 했다. 창업 정책은 점차 확대되었고, 특히 박근혜 정부 시절에는 국정과제로 채택되면서 그 중요성이 한층 강조되었다.

표 6. 2023년 대학별 창업기업 배출현황 (한국연구재단 2024 산학협력활동 보고서)
(단위: 개)

구분	대학		전문대학	
	대학명	기업수	대학명	기업수
상위 20위	인천대학교	90	전주기전대학교	22
	건국대학교	76	유한대학교	20
	중앙대학교	72	대경대학교	16
	한양대학교	69	인덕대학교	12
	연세대학교	67	대림대학교	10
	영남대학교	62	경민대학교	9
	가천대학교	57	동아방송예술대학교	9
	동국대학교	54	한양여자대학교	9
	성균관대학교	47	백석문화대학교	8
	인제대학교	44	오산대학교	8
	계명대학교	38	전북과학대학교	8
	한국외국어대학교	38	동서울대학교	7
	한성대학교	36	수원여자대학교	7
	고려대학교	35	수성대학교	5
	서울대학교	34	명지전문대학	4
	건국대학교(글로컬)	33	수원과학대학교	4
	인하대학교	32	연성대학교	4
	국립공주대학교	31	제주한라대학교	4
	중원대학교	31	마산대학교	3
	한양대학교(ETRICA)	31	우송정보대학교	3
30위	A 대학교	4	A대학교	2
50위	B 대학교	13	-	-
100위	C 대학교	4	-	-
평균(전체)	-	14.3	-	5.0

2013년에는 교육부, 중소기업청, 미래창조과학부 등 여러 부처가 공동으로 '대학창업지원계획'을 수립하고 본격적인 추진에 나섰다. 또한 전국 각지에 '창조경제혁신센터'가 설립되어 지역 대학, 지자체, 민간 기업이 협력하는 창업 생태계 조성에 박차를 가했다. 이를 통해 창업은 개별 대학 차원을 넘어 지역 사회와 산업계가 함께 만드는 흐름으로 확장되었다.

당시만 해도 학생들의 반응은 부정적이었다. 한 조사에 따르면 대학생의 약 92%가 창업에 대해 부정적인 인식을 갖고 있었다. 실패에 대한 두려움, 정보 부족, 제도적 지원의 미비 등이 그 원인이었다. 그러나 정부와 대학이 창업 교육을 강화하고 창업 붐을 조성하면서 점차 분위기는 달라졌다. 다양한 교육 프로그램과 실제 경험 기회를 통해 학생들은 창업을 단지 모험이 아닌, 자신이 원하는 삶을 실현하는 수단으로 인식하기 시작하였고 대학내 다양한 프로그램에 참여하면서 자신의 계획을 구체화해 나갔다.

이제는 많은 대학이 창업 교과목을 개설하고 창업동아리, 창업보육센터 등을 운영하면서 학생들이 직접 창업에 도전할 수 있는 환경을 마련하고 있다. 학과를 막론하고 창업 강의를 듣는 학생들이 많아졌고, 휴학 후 실제 창업을 시도하는 사례도 흔해졌다. 대학 내에서도 창업 교육은 더 이상 이례적인 선택이 아니다. 창업 경진대회, 멘토링 프로그램, 시제품 제작 지원 등 실질적인 프로그램이 다양하게 제공되면서 학생들의 참여도 활발해졌다. 2024 산학협력활동보고서(한국연구재단)에 따르면 2023년 기준 319개의 대학에서 15,222개 창업강좌를 편성하고 있으며, 465,269

명이 수강하였다.

  학생들의 인식도 과거와는 확연히 달라졌다. 창업을 리스크가 큰 선택으로 여기기보다는, 도전해볼 만한 진로로 인식하는 학생들이 증가하였다. 특히 사회 문제를 해결하거나, 자신이 좋아하는 분야에서 브랜드를 만들어가는 사례가 늘면서 창업은 더 이상 낯선 선택이 아니다. 바로 창업을 하지 않더라도 사회생활의 처음을 스타트업기업에서 시작하겠다는 졸업생들도 많아지고 있다. 대학정보 공시사이트 대학알리미에 따르면, 2023년 신규 학생 창업기업 수는 1951개로 2010년 전국 4년제 대학 132개교에서 281명이 배출된 통계에 비교하면 괄목할만 하다.

  한국의 창업 교육은 국경을 넘어 확장되고 있다. 많은 대학들이 실리콘밸리, 동남아시아, 유럽 등지로 학생들을 파견하여 글로벌 스타트업과 교류할 수 있는 기회를 제공하고 있다. 이는 단순한 기술 습득을 넘어 글로벌 창업 마인드를 키우고, 다양한 시장을 체험하는 데 중요한 역할을 하고 있다.

  이러한 경험과 모델은 개발도상국 대학들에게도 큰 관심의 대상이 되고 있다. 많은 아시아, 아프리카, 중남미 국가들이 한국 대학의 창업 교육 시스템과 정책, 제도적 운영 방식에 주목하고 있으며, 효과적인 프로그램을 도입하려는 움직임도 활발하다. 한국은 체계적인 창업 교육을 통해 대학단계에서 창업인재를 발굴, 역량을 강화하고 진로를 자유롭게 탐색하면서 창업까지 지원하는 등 체계적인 지원방식을 발전시키고 있고, 창업휴학제, 창업인턴제 등의 제도도 법제화 하였다.

물론 아직 해결해야 할 과제도 있다. 단기간의 교육만으로는 창업 성공이 보장되지 않기 때문에, 창업인재 발굴, 컨설팅, 자금 지원, 팀워크 구축, 시장 분석과 같은 실제적 요소를 보완하는 종합적인 접근이 필요하다.

그럼에도 불구하고, 창업 교육이 한국 대학에서 하나의 흐름으로 자리 잡았다는 사실은 분명한 변화다. 이제 창업은 더 이상 '특별한 사람'들의 선택이 아니다. 누구나 창업을 위한 체계적인 준비를 위해 지원받을 수 있으며, 대학은 그 도전의 출발점이 될 수 있다. 한국의 마크 저커버그를 만날 날도 멀지 않았다.

대학 구조조정과 PRIME사업:
재정지원을 구조개혁과 연계

정부가 추진하는 구조조정 정책은 언제나 비인기일 수밖에 없다. 고통을 수반하고, 이해관계가 첨예하게 충돌하며, 단기적으론 손실이 더 크게 체감되기 때문이다. 박근혜 정부 시기의 고등교육 정책, 특히 대학 구조조정과 프라임(PRIME) 사업은 그러한 대표적 사례라 할 수 있다. 이 두 정책은 각각 대학 간 구조조정과 대학 내 학과 구조조정이라는 방향의 차이를 지니지만, 그리고 그 과정은 모두 순탄하지 않았다.

대학 구조조정은 학령인구 감소라는 인구구조의 변화에 직면한 상황에서 정부가 직접 나서게 된 정책이다. 교육 수요는 줄고 있는데 대학 정원은 줄지 않으면, 자연히 학생수 감소에 따른 재정 감소로 부실대학이 등장하고, 부실대학이 계속 기관기능을 보유하고 있을 경우 고등교육 전체의 질을 떨어뜨리며 결국 건실한 대학까지 영향을 받을 수 있다는 것이 전문가들의 의견이다.

정부가 나설 필요없이 시장 논리에 맡기면 된다는 주장도 있었지만, 한국의 고등교육 구조, 특히 사립대학 공공성이 강하게 요구되는 상황에서 스스로 폐교를 결정하기란 매우 어렵다. 또한 한 대학을 폐교하려 할 때, 그 대학이 지역사회에 미치는 경제적·사회적 파급 효과를 우려한 지방자치단체와 시민단체의 반대는 상당하다.

대학 하나가 문을 닫는 일조차 실질적으로 사회적 비용이 크게 발생하는 상황에서 정부는 전 대학에 대한 대학구조개혁 평가를 통해 부실대학을 선정하고, 국가장학금과 학자금대출 등의 재정 지원을 제한함으로써 간접적으로 정원 감축과 구조조정을 유도하고자 하였다. 당연히 대학들의 반발이 있었다. 구조조정은 곧 생존을 건 싸움이었기 때문이다. 하지만 이러한 조치는 결국, 고등교육 전체의 효율성을 지키고, 국가의 제한된 재정을 보다 효과적으로 운용하기 위한 불편하지만 필요한 선택이었다고 생각한다.

프라임(PRIME, Program for Industrial Needs - Matching University Education) 사업은 대학 전체를 줄이기 위한 구조조정이 아니라, 대학 내에서 계열 간 정원을 조정하는 정책이었다. 특히 첨단 산업과 관련된 이공계 정원을 확대하고, 그에 따라 인문사회계 정원을 줄이는 방식으로 설계되었다. 4차 산업혁명과 산업구조의 변화는 분명 이공계 중심의 인력 수요 증가를 예고하고 있었다. 그러나 기존의 대학 정원 구조가 자율적으로 조정되기는 매우 어려웠고, 이로 인해 산업계의 인력 수요와 고등교육의 공급이 미스매치되는 현상이 예상되었다.

그림 48. 2016년 원광대학교에서 개최된 PRIME사업 출범식
(출처: 교육부)

 이를 촉진하고자 프라임사업은 1년에 2,000억 원 이상의 예산을 투입하여 22개 대학을 선정하고, 정원 재배치를 유도했다. 이 과정은 대학 내부에서도 격렬한 갈등을 초래했다. 대학 정원은 한정되어 있는 만큼, 특정 계열의 정원을 늘리려면 다른 계열의 정원을 줄여야 한다. 대부분의 경우 인문사회계열이 축소 대상이 되었고, 이에 따른 교수진의 반발이 컸다. 대학 내 의사결정 구조에서 계열 간 이해관계가 충돌하며 정책 추진은 많은 진통을 겪었다.

 실제로 프라임사업 시행 이후, 인문사회계열 정원비율은 2003년 전체 40.7%에서 2022년 34.2%로 감소했으며, 자연·공학·의학

계열 정원은 43.6%에서 49.2%로 증가하였다. 많은 교수들은 국가가 재정지원을 무기로 특정 학문 분야를 약화시킨다는 우려를 나타냈고, 학문 간 균형이라는 고등교육의 기본 철학이 훼손된다는 비판도 제기되었다.

대학 구조조정과 프라임사업은 서로 다른 성격과 방식의 정책이지만, 대학정원자율화 이후 정부의 규제가 없어진 상황에서 정부재정지원을 통해 구조적인 변화를 유도하려고 하였던 갈등이 수반되는 정책이다. 이 정책의 성공여부에 대한 판단도 아직까지 분분하고 PRIME 사업은 후속사업으로 이어지지 못하였다.

대부분의 개발도상국 또한 이공계 인재 수요 증가는 예상되지만 인문사회 중심의 학과구조를 개선해 가는데 어려움을 겪고 있는 실정이다. 한국은 재정 지원을 통해 대학 자율적인 조정을 유도하여 신성장산업을 위한 인재 기반을 마련하고자 시도하였다. 이 과정에서 대학내 갈등과 정부정책에 대한 강한 비판분위기 조성이라는 비용을 치러야 했음도 기억할 필요가 있다.

광복 80년 : 한국을 만든 교육정책

45

세계시민교육:
국제사회에서의 책임

우리가 사는 세상은 눈에 띄게 가까워졌다. 몇 번의 클릭만으로 지구 반대편에서 벌어지는 전쟁이나 재난을 알 수 있고, 다른 나라 사람들과도 실시간으로 연결된다. 그러나 기술이 거리를 좁힌 만큼, 함께 풀어야 할 문제들도 커졌다. 기후위기, 팬데믹, 전쟁, 인종차별, 빈곤은 더 이상 특정 국가의 문제가 아니며, 전 인류가 함께 대응해야 할 공동 과제가 되었다. 이처럼 모든 것이 연결된 시대에는 지식뿐만 아니라 공존의 감각과 실천의 태도를 기르는 교육이 필요하다. 세계시민교육(Global Citizenship Education, GCED)이 중요해지고 있다.

세계시민교육은 세계를 더 많이 알고 이해하는 것을 넘어, 지구 공동체의 일원으로서 자신을 인식하고 책임 있는 행동을 할 수 있는 능력과 태도를 기르는 교육이다. 지식을 암기하는 교육이 아니라, 세상을 함께 살아가는 힘을 기르는 교육이다. 인권과 평화, 다양성, 지속가능성과 같은 주제를 통해 학생들은 타인을 이해하고 공존하는 감수성을 키운다. 기후위기나 사회 불평등과 같은 세계 문제를 자신과 연결된 현실로 받아들이며, 더 나은 공동체를 위한 실천 의지를 기른다.

세계시민교육의 철학은 1996년 유네스코가 발표한 자크 들로르 보고서에서 시작되었다. 이 보고서는 교육이란 단지 정보를 전달하는 수단이 아니라, '함께 살아가는 법'을 배우는 과정이어야 한다고 강조했다. 이후 유엔과 유네스코는 이를 국제교육의 핵심 과제로 채택했고, 반기문 전 유엔 사무총장은 "시험을 잘 보는 아이보다 세상을 바꾸는 사람이 필요하다"고 하며 세계시민교육을 유엔 정책으로 끌어올렸다.

한국은 2015년 인천 세계교육포럼에서의 선언을 계기로 세계시민교육에 본격적으로 동참하게 되었다. 한국은 2009년 개정교육과정에서 이미 추구하는 인간상으로 "세계와 소통하는 시민으로서 배려와 나눔의 정신으로 공동체 발전에 참여하는 사람"을 명시하는 등 국가교육과정내에 세계시민교육과 관련된 항목들을 이미 포함하고 있었고, 2015개정 교육과정에서는 보다 더 구체화되었다. 2015년 인천선언 이후 보다 본격적으로 국가교육과정과 학교 교육활동, 교사 수업 실천 전반에 걸쳐 세계시민교육이 반영되기 시작했다. 수업뿐 아니라 비교과 활동, 학생 프로젝트, 교사 연수 등을 통해 다양한 방식으로 진행되고 있다.

대학에서도 세계시민교육은 점차 확산되고 있다. 경희대학교는 모든 신입생이 관련 교양과목을 수강하도록 했고, 전국 20개 이상 대학에서 세계시민교육 강좌가 개설되었다. 학생들은 수업을 통해 지구적 이슈를 이해하고, 지역사회 활동이나 국제 청소년 교류 등 실천 중심의 활동으로 이를 확장하고 있다.

그림 49. 2024년 유네스코 아시아태평양 국제이해교육원(APCEIU)가 개최한
제9회 세계시민교육 국제회의 모습
(출처: UNESCO APCEIU)

교사의 역할은 더욱 중요하다. 한국은 선도교사를 지정해 선도교사에 대한 연수를 지원하고 이들이 지역 내 교사들을 지원하는 방식을 통해 세계시민교육의 교수법과 철학을 확산시키고 있다. 교사들은 연구회를 운영하며 실제 수업 현장에 적용 가능한 사례를 공유하고 있고, 이를 통해 더 많은 학생들이 세계시민으로 성장할 수 있는 기회를 얻고 있다.

또한 유네스코 아태교육원(APCEIU)을 중심으로, 해외 교사를 위한 국제 세미나와 워크숍, 역량강화 연수도 정기적으로 열리고 있다. 이를 통해 한국은 아시아 지역에서 세계시민교육을 확산시키는 중요한 허브 국가로 기능하고 있으며, 아시아 및 전 세계 교사들과 교육 정책가들이 한국의 경험을 참고하고 있다. 또한 2012년부터 아시아 7개국가와의 교사교류 사업을 통해 아시아 출신국 교사들이 학교현장에서 한국교원과 협력하고 학생들을 지도하도록 함으로써, 체험적인 세계시민교육이 제공되도록 노력하고 있다.

그림 50. 다문화 연관 아시아 국가와 교사 교류를 위한 10주년 기념 네트워킹데이
(출처: UNESCO APCEIU)

이러한 노력은 실제 성과로도 나타나고 있다고 생각된다. 국제학업성취도평가(PISA)에서 한국 청소년들은 세계 시민성과 관련된 문항에서 OECD 평균을 웃도는 높은 감수성과 인식을 보여주고 있다. 학생들은 단지 성적이 높은 것이 아니라, 다문화를 이해

하고 책임을 다하는 시민으로서의 역량을 갖춰가고 있다.

　세계시민교육은 일회성 캠페인이 아니다. 이는 다음 세대가 다름을 인정하고, 차이를 넘어 연대하며, 전 세계와 함께 미래를 만들어갈 수 있도록 준비시키는 교육이다. 2024년 유네스코도 우리정부의 지원으로 유네스코 주관 세계시민교육상을 2년마다 수여할 계획임을 밝혔다. 한국은 이제 단순히 따라가는 나라가 아니라, 함께 방향을 제시하고 경험을 나누는 역할을 수행하고 있다. 한국이 세계와 연결된 교육을 넘어서, 함께 책임지는 교육의 중심에 설 수 있는 날이 오기를 희망한다.

광복 80년 : 한국을 만든 교육정책

46

청렴문화의 정착:
스승의 날 선물하면 안되나요?

매년 국제투명성기구(Transparency International)는 전 세계 국가를 대상으로 부패인식지수(Corruption Perception Index, CPI)를 발표한다. 이 지수는 각국의 공공부문 부패 수준에 대한 국민들과 전문가들의 인식을 수치화한 것으로, 100점 만점에 가까울수록 청렴한 국가로 평가된다. 2024년 기준, 대한민국은 64점을 기록하며 전체 180개국 중 30위에 올라 상위 16.7%에 해당하는 비교적 청렴한 국가로 자리매김하였다. 이는 덴마크(1위, 90점), 핀란드(2위, 87점), 뉴질랜드(3위, 85점) 등 세계 최고 청렴국가들과는 아직 거리가 있지만, 과거에 비하면 뚜렷한 진전이다.

사실 한국의 부패인식지수가 이처럼 상승한 것은 최근의 일이다. 1995년, CPI가 처음 발표되었을 당시 한국은 10점 만점 기준 4.8점으로 42개국 중 27위에 불과했다. 당시 부패는 정치·경제뿐 아니라 교육현장에도 남아 있었고, 교사에게 촌지를 건네는 관행 또한 교육현장에서 완전히 근절되지는 않았다. 수학여행이나 물품계약 과정에서 발생하는 비리, 장학사나 교장 임용 과정에서의 청탁 문제 등도 언론 보도를 통해 반복적으로 지적되었다.

이러한 문제의식 속에서 정부는 보다 구조적이고 제도적인 개혁에 나섰다. 2010년, 장학사임용과 관련 비리사건이 발견된 시기를 계기로, 교육부는 '교육비리 근절 추진단'을 임시로 설치하고 교육현장의 청렴도 제고를 위한 본격적인 시스템 개편에 착수하였다. 학교장 공모제 확대, 수학여행·시설공사 등에서의 전자입찰 확대, 학교회계 예산 운영의 투명화, 청렴계약제 도입 등 다양한 제도들이 마련되었다. 이러한 조치들은 교육 현장에 남아 있는 관행적 비리를 줄이고, 시스템을 통한 사전 예방에 중점을 둔 정책이었다.

이어 2015년에는 '김영란법'(부정청탁 및 금품 등 수수의 금지에 관한 법률)이 제정되었다. 이 법은 공직자를 대상으로 하였으나 공사립학교 교원을 포함하였고, 업무관련자로부터 3만 원을 초과하는 식사, 5만 원을 초과하는 선물을 수수할 수 없도록 규정하였다. 이로써 교사에게 촌지를 전달하는 관행 또한 법적으로 명확하게 금지되었고, 법 위반 시 처벌규정도 포함되었다. 촌지관행을 근절하기 위한 그간의 현장의 노력이 법적 규정마련으로 완수되었다. 이에따라, 스승의 날 풍경 또한 바뀌기 시작했다. 고가의 선물 대신 손편지와 학생들의 그림이 주는 따뜻한 감사의 표현이 새로운 문화로 자리 잡았다.

물론 이러한 변화는 시행 초기 혼란을 동반했다. "정(情)의 문화가 사라진다", "감사의 표현조차 제약된다"는 우려가 제기되었고,

일부에서는 청렴정책 자체를 '체면 손상'으로 여기는 분위기도 존재했다. 그러나 시간이 지나면서 오히려 국민의 인식은 '청렴이 공정한 교육의 기반'이라는 방향으로 전환되었고, 교사와 학부모 모두 불필요한 부담 없이 신뢰를 쌓을 수 있는 환경이 조성되었다.

그림 51. 1978년 학교에서 스승의날 학생들이 선생님에게
감사의 표시로 꽃을 전달하는 모습을 형상화
(출처: 국가기록원)

이러한 변화는 한국만의 특별한 경험은 아니다. 세계에서 가장 청렴한 국가로 평가받는 덴마크와 핀란드도, 공공영역의 청렴을 확보하기 위해 끊임없이 제도화와 감시를 반복하고 있다. 이들 국가는 부패를 '없는 일'로 축소하기보다, 발견될 때마다 정책적으로 개입하고 시스템을 개선하는 방식을 택하고 있다.

따라서 청렴정책을 공개적으로 추진한다는 것이 부끄러운 일일 필요는 없다. 부패는 선진국을 포함하여 모든 국가에 존재한다. 중요한 것은 그것이 드러났을 때 정부가 적극적인 의지를 갖고 이를 제도적으로 대응하는 것이다. 부패에 대한 인식은 정책 추진의 출발점이며, 이를 마주하는 용기야말로 성숙한 사회의 조건이다고 생각한다.

한국 교육은 종합적인 교육비리 근절 대책 마련과 추진, 김영란법 제정을 계기로 제도화된 청렴 문화로 전환하는 데 성공하였다. 학부모와 교사간 교육관련 상담 시 더이상 불편하고 불필요한 고민을 하지 않아도 되는 문화가 정착되었고, 학교를 둘러싼 모든 행정에서도 부패에 대한 민감성이 높아지고 있다.

47

첨단분야 혁신융합대학:
디지털을 통해 대학간 경계를 허물기

　기술 변화의 속도가 빨라지고 산업구조가 급변함에 따라, 고등교육 역시 더 이상 기존의 전통적인 틀 안에서만 머물 수 없게 되었다. 특히 탄소중립, 디지털 전환, 인공지능 등 사회 전반에 걸친 구조적 변화는 대학이 사회 수요에 대응하는 실무형 융합인재를 적극적으로 양성해야 할 책무를 지니게 만들었다.

　이에 따라 교육부는 2021년부터 첨단분야 혁신융합대학(COSS: Convergence and Open Sharing System) 사업을 추진하여 고등교육의 구조와 교육방식을 혁신하고자 하였다. COSS 사업은 인공지능, 빅데이터, 바이오헬스, 에너지신산업 등 18개 첨단 분야에서 융합형 고급 인재 10만 명 양성을 목표로 하고 있으며, 2024년 기준 총 66개 대학이 18개 컨소시엄에 참여하고 있다.

　이 사업은 단순한 교육과정 개편을 넘어, 대학 간 협력, 학문 간 융합, 산학 연계, 지역 간 균형발전이라는 복합적 목표를 추구한다. 특히 기존 대학 구조에서 보기 어려웠던 학과 간·대학 간 공동 교육과정 개발, 비전공자에게 수업 개방, 수준별 학습 설계 등의 요소는 이 사업이 대학교육에서 실질적인 혁신을 시도하고 있음을 보여주었다.

그림 52. 2023년 첨단분야 혁신융합대학
(COSS : Convergence & Open, Sharing System) 사업 출범식 장면
(출처: 한국연구재단)

COSS 사업의 가장 큰 특징은 교육의 개방성과 융합성이다. 각 컨소시엄은 다수 대학이 협력하여 교육과정을 공동 설계하고, 이를 참여 대학 학생들에게 전공에 관계없이 개방한다. 즉, 공학을 전공하지 않은 학생도 에너지나 AI 관련 교육과정을 이수할 수 있으며, 각자의 수준(기초-중급-고급)에 맞는 모듈을 선택하여 수강할 수 있는 맞춤형 학습 경로가 마련하였다. 또한, 모든 커리큘럼

은 오프라인 수업과 함께 온라인 강의로도 제공되어, 소속 대학을 넘어 전국적으로 수강이 가능하도록 하였다.

  COSS 사업은 단순한 교육혁신을 넘어, 산업과 대학 간의 실질적 협력도 지향한다. 참여 대학들은 지역의 첨단기업들과 협력하여 현장 기반 프로젝트, 멘토링, 인턴십을 운영하며, 이를 통해 학생들은 졸업 후 즉시 산업 현장에 투입 가능한 실무형 역량을 갖출 수 있도록 하였다. 특히 수도권 대학과 비수도권 대학, 4년제 대학과 전문대학이 수평적 관계로 협력하는 구조는 기존의 교육 격차를 해소하는 데 중요한 기여를 하고 있다.

  이러한 COSS 사업의 혁신적 방향성을 가장 잘 보여주는 사례 중 하나가 에너지신산업 컨소시엄이다. 총 7개 대학이 참여한 이 컨소시엄은 탄소중립과 에너지전환이라는 국가적 과제에 교육적으로 대응하고 있다. 이 컨소시엄은 에너지 산업의 생산-저장-운송-관리-비즈니스모델 전반을 커버하는 모듈형 교육과정을 공동 개발하였으며, 이는 모든 학생에게 개방되어 전공에 관계없이 수강이 가능하다.

  에너지 분야 특화된 연구실을 구축하고, 해당 실험실을 컨소시엄 소속 학생들에게 개방하여 대학 간 자원 공유의 모범이 되고 있다. 산업계 전문가들이 커리큘럼 개발에 참여하고, 정기적인 산업자문 회의와 인턴십 프로그램이 운영되어 교육의 산업적 연계성도 크게 강화되었다.

  COSS 사업은 첨단분야 교육에 집중하는 사업으로, 대학 구조의 경직성, 지역 간 격차, 산학 연계의 한계를 넘기 위한 다양한 실험과 협력을 지원함으로써 보다 많은 학생들에게 우수한 교육 프로그램을 제공하고 있는 매우 혁신적인 사업이라고 생각한다. COSS의 이러한 혁신적 모델은 국내에 국한되지 않고, 교육 인프라가 부족한 개발도상국의 대학에게도 매우 실용적인 국제 협력 모델이 될 수 있다.

앞으로 한국의 고등교육이 이러한 공유 기반 혁신을 지속적으로 확산시켜 나간다면, 새롭게 대두되는 산업영역과 분야에 대해 빠르고 효과적으로 대응하여 세계 기술전쟁에서 선점할 수 있는 인재를 키워낼 수 있을 것으로 생각한다.

48

고등학교 무상교육:
우리도 이제는

　대한민국은 '교육기회의 평등'을 오랜 시간 동안 중요한 국가 과제로 삼아왔다. 이러한 교육철학은 해방 이후 초등학교 의무교육을 제도화하고, 1959년에는 초등학교 취학률 97.7%를 달성하며 사실상 의무교육을 완성하는 성과로 이어졌다.
　중등교육 보편화의 흐름 속에서 중고등학교 취학률은 1989년에 90%를 넘어섰고, 이어 2002년에는 중학교 무상 의무교육이 본격적으로 시행되었다. 중등교육의 보편화는 무상의무교육 실시 전, 학부모에게 일부 재정부담을 지우면서 성취되었는데, 국공립 중고등학교의 경우도 수업료를 지급해야만 했다.
　교육기회의 확대 및 중학교 무상교육 실시에도 불구하고 고등학교 교육에 있어서는 여전히 저소득층을 제외한 학생의 경우 학부모가 입학금, 수업료, 교과서비 등의 학비를 부담해야 했으며, 이는 다른 선진국들과는 대비되는 구조였다. 실제로 2019년 기준으로 우리나라는 경제협력개발기구(OECD) 회원국 중 유일하게 고등학교 무상교육을 실시하지 않은 국가였다.

당시 고등학교 진학률은 99.7%에 이르렀고 고등학교 교육은 사실상 보편교육의 성격을 갖고 있었음에도 불구하고 국가의 재정적 책임은 완전하지 않은 상태였다. 이러한 문제의식을 바탕으로 정부는 2019년 '고등학교 무상교육 실현 방안'을 발표하고, 입학금, 수업료, 학교운영지원비, 교과서비 등을 국가와 지방자치단체가 공동으로 분담하여 지원하는 체계를 구축하였다.

이어 지방교육재정교부금법 및 초중등교육법 개정을 통해 재정적·법적 기반을 마련하고, 단계적 확대 시행을 거쳐 마침내 2021년에는 전 학년에 걸쳐 고등학교 무상교육이 전면 실시되었다. 이로써 대한민국은 초등학교, 중학교에 이어 고등학교까지 모든 공교육 과정에서 무상교육을 완성하게 되었다.

고등학교 무상교육은 단순한 재정적 지원을 넘어, 교육기회의 형평성 확보라는 근본적인 가치를 실현하는 수단이다. 특히 고등학교 교육이 사실상 의무교육과 다름없는 상황에서, 교육의 공공성을 다시 한 번 확인시켜주는 계기가 되었다. 2021년 고등학교 무상교육의 실현은 코로나19라는 위기 상황 속에서도 정부가 국민의 삶을 실질적으로 지원하기 위한 정책적 의지를 보여준 상징적인 사례이기도 하다.

당초 2022년 완성을 목표로 했던 이 정책은 조기 시행되어 2021년 전면 실시되었고, 그 결과 약 124만 명의 학생이 연간 약 160만 원의 교육비 부담을 덜 수 있게 되었다. 이는 가구당 월 13만 원 수준의 가처분소득 증가로 이어졌고, 어려운 시기의 가계

경제에 실질적인 도움이 되었다.

그림 53. 고등학교 무상교육 전면시행 모습

　무상교육 정책의 완성은 다음과 같은 기대 효과를 낳고 있다. 첫째, 국가가 책임지는 초·중·고 무상교육 체계를 통해 모든 국민에게 균등한 교육기회를 제공하는 기반을 마련하였다. 둘째, 학비 부담 경감으로 인한 가계의 소비 여력 증가는 국내 내수 진작과 경제 회복에도 긍정적인 영향을 미친다. 나아가 이러한 투자는 장기적으로 국가의 인적자본 축적과 교육경쟁력 강화에 기여할 것이다.
　결국, 고등학교 무상교육의 실시는 교육이 단지 개인의 사적 비용이 아니라 사회 전체가 함께 부담하고 책임져야 할 공공재임을 다시금 확인한 조치였다. 이는 단순히 교육비 절감 이상의 의미를 가지며, 대한민국이 교육복지국가로 한 걸음 더 나아갔음을 보여주는 중요한 전환점으로 평가할 수 있다. 앞으로도 정부가 이러한 성과를 바탕으로 보다 촘촘하고 포용적인 교육정책을 이어 나가길 기대한다.

광복 80년 : 한국을 만든 교육정책

49

AI 활용교육:
AI와 친해져야

　인공지능(AI) 기술은 이제 전 산업과 사회 전반에서 필수 요소로 자리 잡았다. 교육 분야도 예외는 아니다. 학생 개개인의 학습 수준과 속도에 맞춘 '맞춤형 교육'을 실현하기 위한 수단으로 AI가 적극 활용되고 있으며, 이는 전 세계적인 흐름이다.

　AI 교육은 이제 세계적으로 보편화되고 있다. 각국은 AI 기술을 단순히 '사용하는 도구'로 보는 것을 넘어서, 교육의 본질적 역할에 맞게 다양하게 활용하고 있다. 한국과 중국은 AI를 통해 개별 학습을 지원하고, 학습격차를 줄일 수 있다는 점을 강조하고, 호주와 싱가포르는 학생들에게 AI를 잘 활용하는 방법 교육을 강조하고 있다. 또한, 미국은 AI를 활용하는 능력 뿐 아니라, AI를 창조·개발하는 역량까지 포함한 교육을 표방하고 있는 점이 특징이다.

　정부는 과학기술정보통신부를 중심으로 디지털 기술의 글로벌 경쟁력을 확보할 수 있도록 AI 고급인재 양성을 위한 프로그램들을 강화하는 정책들이 시행되고 있다. 생성AI 모델 보유기업 주도의 산학 협력 프로젝트를 통해 핵심인재를 양성하는 생성AI 선도인재 양성과정을 신설하고, 메타버스·사이버보안 등 디지털 분야의 대학원을 확대한다는 정책이 발표되었다. 대학 디지털 교육 혁신을 확산하고 디지털 분야 전공·융합인재를 양성하는 소프트웨어중심대학과 정보보호특성화대학사업들이 진행되고 있다.

중국은 세계에서 가장 적극적으로 인공지능(AI) 교육과정을 도입했고 정부가 나서서 적극적으로 중국 전역 학교에서 AI를 확산시키고 있다. 2018년 칭화대 부속고교 등 상하이 지역 40개 고교가 첫 'AI 실험학교'로 지정돼 AI 교과서로 교육을 시작했다. 상하이와 산둥성 지역에서는 AI가 이미 초·중·고 필수과목이 됐다. 점차 AI교육과정은 중국 전체로 확산될 것으로 전망된다.

한국에서도 2023년부터 AI 기능이 탑재된 디지털교과서를 공공 부문 주도로 개발·도입하는 정책을 추진하였고 2025년 8월 현재는 교육자료의 일환으로 활용하도록 하는 법안이 통과되었다.

한국의 교육원조
(ODA:Official Develpment Assistance):
이제는 나누는 나라로

한국은 20세기 중반 전쟁과 빈곤으로 국제사회의 집중적인 공적개발원조(ODA)를 받던 대표적인 수혜국이었다. 한국은 유네스코로부터 6·25전쟁 직후인 1954년 연간 3000만 부의 교과서를 인쇄할 수 있는 교과서 공장 설립 비용을 지원받고, 이 공장에서 찍어낸 교과서로 학생들이 공부를 계속할 수 있었다. 또한 미국, 일본, 독일, 프랑스 등 여러 국가로부터 인도적·경제적 원조를 받으며 오늘날의 경제성장을 위한 기초를 다졌다.

한국에 가장 많은 원조를 제공한 국가는 미국이며, 그 뒤를 일본, 독일, 프랑스, 오스트리아, 네덜란드, 호주, 덴마크, 벨기에, 영국이 있었다. 유네스코 지원을 받아 지은 교과서 공장은 한국교육 발전 역사의 상징인데, 이는 반기문 제8대 유엔 사무총장이 유네스코에 자신이 공부했던 책을 기증하면서 세계적으로 유명한 국제개발협력 사례로 다시 회자되었다.

이후 한국은 교육기회 확대 및 경제성장을 이뤄내며, 2009년

OECD 개발원조위원회(Development Assistance Committee, DAC)에 가입해 수혜국에서 공여국으로 공식 전환하였다. 이는 국제사회에서 유일하게 '원조를 받던 국가에서 원조를 제공하는 국가'로 전환한 사례이다.

그림 54. 2012년 10월 프랑스 파리 유네스코 본부에서 교재로 썼던 초등학교 4학년 자연 교과서를 유네스코에 기증하고 있는 반기문 제8대 UN사무총장
(출처: 유네스코 한국위원회)

OECD가 발표한 2024년 ODA 잠정통계에 따르면, 한국의 ODA 총액은 약 39.4억 달러로 전년 대비 24.8% 증가했다. 이는 한국이 DAC에 가입한 이후 최대 규모이며, 국민총소득(GNI) 대비 ODA 비율은 0.21%를 기록하였다. 이로써 한국의 ODA 규모 순위는 전체 32개 회원국 중 13위로 상승하였다. 양자원조의 증가는 인도적 지원, 사회 분야(수자원·위생·행정), 경제 인프라 부문

의 지원 확대에 기인하며, 이는 한국이 국제사회에서 실질적인 역할을 강화하고 있음을 보여준다.

2021년 기준 한국은 교육분야 공적개발원조(ODA) 규모에서 OECD 회원국 중 9위를 차지하며, 양질의 교육을 통한 개발도상국의 역량 강화에 기여하고 있다. 주요 지원 분야는 초·중등교육, 직업교육, 고등교육, 그리고 기타 교육 관련 영역으로 나뉜다. 초·중등교육에서는 교사 양성, 정보화 교육, 원격교육 시스템 구축, 교육 인프라 개선 등이 추진되고 있으며, 직업교육 분야에서는 산업 수요에 맞춘 기술인력 양성, 직업훈련센터 설립, 디지털 기반 훈련 프로그램 운영 등이 진행 중이다.

고등교육에서는 정부초청장학생(GKS) 제도를 통해 개발도상국 유학생을 초청하여 그들의 학업을 지원함으로써 개도국의 미래인재 양성에 기여하고, 국제협력선도대학사업을 통해 현지 대학의 학과 개설, 커리큘럼 개발, 공동 연구 등을 지원하고 있다. 최근에는 수원국 학생들의 산업현장 실전 교육을 위한 한국내 초청 현장실습 실시 등, 양국간 산학협력에 도움이 될 수 있는 사업들도 확대하고 있다. 또한 유아교육, 학교급식 등 삶의 질과 밀접한 영역으로 협력가능 영역이 확대되고 있는 추세다.

한국의 교육 ODA는 단기적 원조를 넘어 수원국의 인적 자본 형성과 산업기반 구축, 사회 안정에 이바지하는 중장기 전략으로 추진되고 있다. 이는 단순한 자금 지원을 넘어, 지속가능한 발전을 위한 전략적 수단이자, 국제사회의 책임 있는 일원으로서 한국이 감당하는 역할의 일환이다. 특히 SDG 4(모두를 위한 양질의 교육 보장)를 달성하기 위한 핵심 수단으로, 한국의 경험과 정책 역량이 적극 활용되고 있다. 앞으로도 실질적 수요에 기반한 맞춤형 교육 ODA를 통해 수혜국의 자립적 성장을 도우며 국제사회와의 협력을 강화하는 노력이 지속될 것이다.

그림 55. CARE(Cooperative for American Relief Everywhere)원조로
우유급식을 받는 1959년 학교학생
(출처: 월드코리안)

교육을 매개로 한 개발협력은 국내 대학과 기업의 국제화, 청년 인재의 글로벌 경험 확대, 국가 위상 제고 등 다양한 부가가치를 창출하며, 장기적 관점에서 한국인의 삶의 질 향상에도 기여하고 있다. 한국에 대한 자부심을 가진 더 많은 청년들이 국제개발협력 분야와 다양한 국제기구에서 활약하게 되기를 바란다. 세계는 국가발전전략 추진의 전문성과 따뜻한 열정을 갖춘 한국인을 기다리고 있다.

나가며

2025년, 대한민국은 광복 80주년을 맞았다. 그동안 한국이 이룬 경제적 성장과 사회적 진보는 국제사회가 주목하는 사례로 자리매김했으며, 그 이면에는 교육에 대한 전방위적 투자와 정책적 선택이 자리하고 있었다. 전후 피폐한 상황에서도 교육을 국가 재건의 수단으로 삼았고, 그 선택은 단지 인적자원의 축적을 넘어서 민주주의의 실현과 사회이동성을 촉진한 결정적 요인이 되었다. 1960년 당시 월드뱅크로부터 차관 지원을 거부당할 정도로 장래성이 없다는 평가를 받았던 한국이 오늘날 선진국의 반열에 오르기까지, 교육정책은 그 흐름을 이끈 중요한 동력이었다.

그동안 이어져온 교육정책의 흐름 속에는 어느 나라 정부도 쉽게 시도하지 못했던 과감한 투자와 전 국민을 위한 공정한 교육 시스템을 만들기 위한 꾸준한 노력이 있었음을 기억해본다. 이 귀중한 교육적 자산이 시대의 흐름 속에 잊혀지지 않기를 바라며, 한국의 과거를 정확히 인식하는 것이 현재의 한국에 대한 자긍심을 높이고 새로운 선진 교육의 길을 설계하는 데 도움이 될 것으로 믿는다.

광복 직후 한국은 극심한 경제적 어려움과 전쟁의 상처 속에서도 초등의무교육을 실현하기 위해 국가의 모든 교육예산과 행정력을 집중하였다. 1959년, 초등학교 취학률 95% 달성은 여아 취학률에서도 세계적으로 북미 국가 다음으로 높은 수준을 기록하는 성과였다. 사회 전반의 교육에 대한 관점을 변화시키고 모든 아이에 대한 교육을 실현하였다는 점에서 한국 교육의 방향성을 보여준다.

이 시기 대학도 다수 설립되어 고등교육 취학률은 당시 선진국 수준에 육박했고, 대학생들은 4.19 혁명의 주도 세력이 되어 민주주의의 싹을 틔웠다. 1공화국 시기 2만여 명이 넘는 대학생·연수생들이 선진국에서 학문과 기술을 익혀 돌아와 제3공화국 시기 각종 연구기관 설립과 기술 발전에 기여한 측면이 있다.

1963년 출범한 3공화국은 교육을 국가산업구조 재편의 핵심 수단으로 삼았다. 중학교 입시에 과열된 과외문제를 해결하기 위해 무시험 입학제도를 도입하고, 중고등학교 평준화 정책을 시행하였다. 사립학교에도 교사 인건비와 운영비를 지원해 공립과 사립 간의 질적 차이를 해소하고자 했다. 국가기간산업과 연계되는 특성화고를 집중 지원하고, 산업체 근로자들의 교육기회 제공을 위해 산업체 부설학교, 방송통신중학교와 고등학교를 설립하였다.

지역 국립대에 대한 예산 지원과 정원 확대를 통해 지역산업발전을 견인하고 지역 교육 기회를 늘리는 정책도 추진되었다. 한국과학기술원(KAIST)을 설립하였고 교육기관과 기업간 산학협력을 위한 기반을 마련하였다. 정부 말 중등교육 취학률은 80%에 근접했지만, 고등교육 취학률은 8% 수준에 불과해 대학입시에 대한 경쟁이 심화되었다.

1980년 신군부는 국민 지지를 얻기 위한 수단으로 대대적인 교육조치를 추진하였다. 과외를 금지하고 대학 본고사를 폐지하였으며 졸업정원제를 도입해 실질적인 대학입시경쟁률 하락효과를 가져왔다. 고등학교 내신 반영 비율을 기존 5%미만 수준에서 50%로 높이도록 하였고, 과외금지로 인한 학업중단을 방지하기 위해 대학장학금 확대정책을 추진하였다.

정원확대 조치는 당시 현장의 큰 혼란을 가져왔으나 중산층 이하, 지방 출신, 여학생 등 다양한 계층의 고등교육 진입을 확대하는데 긍정적인 역할을 하였고, 고등교육 취학률도 8%에서 30%대로 크게 증가하였다. 과학인재양성을 위해 과학고가 설립되었고, 실용직업인을 양성하는 전문대학도 확대되었다.

1993년 문민정부 출범이후 김영삼 정부는 1995년 교육개혁위원회를 설치하고 신교육체제 수립을 위한 5.31 교육개혁을 통해 교육에 대한 정부 통제를 줄이고 자율성과 다양성을 강조하였다. 대학설립준칙주의가 도입되어 소규모 특성화 대학들이 설립되었고 대학정원결정도 특정요건 충족시 대학자율적인 판단에 따르도록 했다. 대학 자율화를 통해 경쟁체제를 도입하고, 교육재정은 GNP의 5% 수준으로 확대되었다. 성과에 기반한 대학 재정지원

시스템이 시작되어 대학 간 경쟁이 본격화되었다.

김대중·노무현 정부는 5.31 교육개혁의 기조를 계승하면서 학생 중심의 교육과 사교육 완화를 위한 정책을 추진하였다. 1990년대 말 Brain Korea 21과 같은 고등교육 재정지원사업은 세계 수준의 대학 육성을 목표로 했고, 초·중·고교 교실에 인터넷을 보급하며 정보화 교육이 전면화되었다. 방과후 학교와 교육복지 투자우선사업은 교육격차 해소를 목표로 했으며, 국제화를 위해 Study Korea 정책을 추진하였다. 법조인 양성체제를 법학전문대학원로 전환한 것도 이 시기이다.

이명박·박근혜 정부 시기에는 마이스터고 도입, 특성화고 확대, 첨단 기술분야의 맞춤형 인재양성, 대학구조개혁 사업을 추진하였다. 한국장학재단 설립과 국가장학금, 취업후 상환 학자금 대출제도는 고등교육의 접근성을 크게 개선하였다. 신성장동력산업과 연계한 인력양성정책이 추진되었고, 스스로의 적성을 체험으로 알아가도록 지원하는 자유학기제를 도입하였다.

문재인 정부는 고등학교 무상교육을 전면 시행하였고, 디지털 첨단산업 분야 공유대학 사업 등 협력 중심의 고등교육 혁신정책을 추진하였다.

한국의 교육은 오랜 시간 동안 '교육기회의 형평성'이라는 대원칙 아래 진화해왔다. 전국적으로 필요한 인적 자원과 교육 인프라를 갖추는 데 집중하였고, 이러한 기반 위에서 사회 구조 변화와 경제 전략에 따라 유연하게 조정되며 발전해왔다. 특히 교육기회 확대와 교육여건 개선은 어느 정부를 막론하고 지속적으로 우선

순위에 놓여 있었으며, 단지 양적인 확대에 그치지 않고 교육기관의 체질을 개선하기 위한 재정 투자도 아낌없이 이루어졌다.

이러한 정부의 노력이 한국 사회 전반에 미친 영향은 작지 않다. 교육에 대한 강한 기대와 열망은 '자식 교육에는 아끼지 않는다'는 한국 부모들의 의식으로 이어졌고, 이는 다시금 정부로 하여금 교육기회의 형평성을 위한 노력을 지속하게 만드는 사회적 압력으로 작용하였다. 즉, 교육정책은 정부만의 의지가 아니라 국민의 열망과 맞물리며 변화와 진화를 거듭해온 것이다.

물론 모든 정책이 성공적이었던 것은 아니다. 특히 국가 통제 시기에는 오늘날의 민주주의 기준으로 보면 부당하고 비민주적인, 강압적인 정책들도 있었다. 그러나 그러한 시대에도 교육의 본질적 가치는 살아 있었으며, 이는 사회를 진보로 이끄는 중요한 동력이 되었다. 한국의 경험은 교육이 단지 체제에 순응하기 위한 도구가 아니라, 때로는 체제를 변화시키는 원동력이 될 수 있음을 보여주는 소중한 사례이다.

우리의 교육정책은 수많은 시행착오 속에서 실패와 성공을 반복해왔고, 현재도 여전히 해결해야 할 과제들 앞에 서 있다. 최근에는 사회 발전과 함께 청소년 우울증, 선행학습 과열, 교육기회의 격차, 학교폭력 등 새로운 유형의 교육 문제가 부각되고 있다. 지나친 학벌문화의 잔재와 이에 따른 과도한 경쟁, 높은 사교육비, 성공에 대한 일률적 기준 등은 여전히 교육 불평등을 심화시키고, 청소년의 삶의 질을 저해하고 있다.

이러한 현실을 직시하며, 이제는 '경쟁' 중심의 체제에서 벗어나 모두가 '행복한 인재'로 성장할 수 있는 방향으로 교육의 틀을 재구성해야 한다는 공감대가 확산되고 있다. 우리 교육은 창의성, 다양성과 자율성이 존중되고, 타인과의 비교보다는 스스로의 노력에 만족하고, 새로운 도전을 두려워하지 않는 인재를 키우는 방향으로 전환해 가는 과정에 있다. 새로운 문제들을 마주하고 해법을 모색하는 여정은 계속될 것이며, 그 과정에서 지금까지 이룬 성취들이 폄하되거나 잊히지 않기를 바란다.

한국의 젊은 세대들이 자신이 받은 교육과 그 안에서 길러온 역량에 대해 자부심을 갖고, 세계 곳곳의 친구들과 당당히 어깨를 나란히 하기를 바란다. 아무것도 없는 상태에서 시작해 지금의 위치에 이르기까지, 한국은 교육을 통해 가능성을 현실로 만들어왔다. 이제는 선진국의 일원으로서, 세계의 지속가능한 발전을 위해 더욱 적극적으로 고민하고 행동하는 '글로벌 리더' 한국인이 되기를 기대한다.

참고문헌

강명숙(2014), 1960-1970년대 대학과 국가통제, 한국교육사학, 제36권 제1호 p137-159

곽지섭(2015), 제3공화국의 고등교육정책과 국가주의 대학관의 형성, 건국대 석사논문

교육50년사편찬위원회 (1998), 교육50년사 : 1948-1998, 교육부

구균철(2015), 지방정부 교육재정 부담구조의 합리성 분석, 교육재정연구, 제24권 제2호, pp 87-109

김국현 외(1998), 학점은행제도와 평생교육, 교육개발 112, p25-43

김기석(2008), 한국고등교육연구, 교육과학사, 2008

김기석(2012),한국고등교육의 교육사회학적 이해 : 연구성과 검토와 미래전망, 교육사회학연구22, pp.25-49.

김명진(2009), 1950년대 고등교육 협력에 관한 연구: 서울대-미네소타대 프로젝트 사례, 서울대박사논문

김봉섭(2014), 이승만정부의 해외유학인재 정책, 재외한인연구, 통권 34호,pp323-357

김성열 외(2020), 광복 75년, 교육법제정 70년 한국교육 성취와 발전과제, 교육부, 2020

김신복(1995), 광복50년의 국가발전에 대한 교육의 기여, 행정논총, 33,1, pp 161-179

김신복(1995), 경제발전과 한국교육, 교육월보 167('95.11)

김종서(1986), 교육의 양적팽창과 질적 향상, 현대사회.21(86.3) pp67-85

김영화(1993), 한국의 교육불평등, 고등교육팽창의 과정과 결과, 교육과학사

김영화(1996), 국가발전에서의 교육의 역할 분석 연구, 한국교육개발원
김영화(1997), 한국의 교육과 국가발전: 1945-1995, 한국교육개발원
김훈호(2014), 정부 재정지원과 대학 재정구조의 관계 분석, 교육행정학연구 제32권, 제4호 pp297-326
김훈호(2014), 대학재정지원 정책과 대학의 재정구조분석, 서울대 박사학위 논문
길혜지(2016), 학교급별 교육정보화 인프라 현황, 교육정책포럼, 제276호, pp35-39
남신동(2009), 한국 원격 개방대학의 기원, 평생학습사회, 제5권 제2호, pp101-134
남신동, 유방란(2017), 대학졸업정원제도(1981-1987)의 구상과 폐지에 대한 구술사 연구, 교육사학연구, 제 27집 제2호 pp. 37-71
박경재(2005), 국가경쟁력 제고를 위한 교육정보화 사업의 발자취, 교육마당 21, 통권 275호, pp 58-80
박남기, 임수진 (2015), *5.31 대학교육개혁의 영향과 과제: 대학설립준칙주의와 정원자율화 정책을 중심으로, 교육정치학연구*, 제 22집 제4호
박동열 외(2016), 광복70년의 직업교육 정책 변동과 전망, 한국직업능력개발원
박철희(2005), 대학입학생선발제도의 변천: 대학의 자율과 국가의 통제를 중심으로, 교육비평 Vol 19, pp 20-44
박환보(2012), 한국 고등교육의 보편화 현상 분석, 서울대 석사학위논문
백일우, 박경호(2007), 1단계 BK 21사업의 성과분석에 관한 연구, 교육재정경제연구 제16권 제1호, pp81-102
서남수, 배상훈(2022), 대입제도:신분제도인가? 교육제도인가? 성균관대학교 출판부
송인섭, 성은현(2023), 영재교육 20년, 학문적 성과와 과제, 가람문화사
안병영, 하연섭(2014), 한국의 교육개혁 : 평가와 과제, 한국교육개발원

안병영, 하연섭(2015), 5.31 교육개혁 그리고 20년: 한국교육의 패러다임 전환, 다산출판사

여유진 외(2011), 계층구조 및 사회이동성 연구, 한국보건사회연구원

오제연(2019), 1970년대 후반 대학정원 정책의 전환과 고등교육 대중화, 역사비평, 128권 2019년 가을, pp. 145-176

유네스코한국위원회(2007-2009) 교육과학기술 ODA 현황과 정책과제 1-3, 유네스코한국위원회

유방란(2005), 평준화 제도 이후 고등학교 교육의 대중화와 교육과정 정책, 아시아교육연구, 제6권 제4호, pp1-19

유성상 역(2020) 한국의 교육은 왜 바뀌지 않는가? : 한국사를 전공한 외국인 교수가 보는 한국교육의 문제, 학지사 (원저Seth, Michael. (2020). *Why doesn't Korean education change? [Education Fever: Society, Politics, and the Pursuit of Schooling in South Korea]*)

이돈희 외(1995), 광복 50년, 한국교육 50년, 교육월보 163, pp 25-67

이종재 외 (2010), 한국교육 60년, 서울대학교출판문화원

이종재(2009), 한국교육발전의 탐구, 교육과학사

임연기(1992), 대학정원정책의 영향분석, 동국대박사논문

임연기(2008), 대학설립준칙주의 공과분석, 교육행정학연구, 제 26권 제4호, 2008년 12월pp147-167

정영수 외(1995), 광복50년의 한국 사학 교육, 사학, 72('95.3), pp 26-62

정태수(1991), 7.30 교육개혁, 예지각

천세영(2021), 대한민국의 교육기적, 충남대학교출판문화원

한국교육개발원 (2008), 교육복지투자우선지역지원사업 백서(2003~2007)

한국연구재단(2024), 2024 대학산학협력활동 조사보고서

한만길(1993) 대학정원의 확대정책과 교육기회 분배구조의 변화에 관한 연구, 교육학연구 31,1 pp. 1-21.

경향신문, 대학장학금 확대, 1981.1.14, Naver 신문 라이브러리

동아일보, 졸업정원제 조정, 1981.5.7, Naver 신문 라이브러리

한국일보, 과외금지 세대 '계층 사다리' 많이 탔다, 2011.12.

Ansell, Ben W. *From the Ballot to the Blackboard*: The Redistributive Political Economy of Education / Ben W. Ansell. Cambridge: Cambridge UP, 2010. Cambridge Studies in Comparative Politics

Lee Eun Kyung(2012), *HIGHER EDUCATION EXPANSION AND ECONOMIC GROWTH IN JAPAN AND SOUTH KOREA*, University of Pittsburgh, 2012

Lee Eun-kyung (2016), *Analysis of the Relationship between Higher Education Expansion and Economic Growth in Korea through Time Series ARIMA Model*, Journal of Education Finance and Economics, Vol.25. NO.2, June 2016, p 129-150

Lee, Juho, Jung, Hyuck, and Hong, Sungchang (2018), *Human Capital and Development: Lessons and insight from Korea's Transformation*, Edward Elgar Publishing

Marginson, Simon (2016), *The worldwide trend to high participation higher Education: dynamics of social stratification in inclusive systems*, High Educ (2016) 72: p 413-434

Ministry of Education (2013), Education in Korea

Ministry of Education (2020), Education in Korea

Organization for Economic Cooperation and Development (OECD) (1994), OECD Economic Surveys : Korea

Partrinos, Harry (2009) The Role and Impact of Public-Private Partnerships in Education, World Bank

Trow, M. (1979). *Elite and mass higher education: American models and European realities. In Research into higher education: Processes and structures.* Stockholm: National Board of Universities and Colleges. pp. 183-219

광복80년 : 한국을 만든 교육정책
우리가 몰랐던 50가지 교육정책이야기

초판 1쇄 발행 2025년 8월 15일

지 은 이	신미경(MEEKYUNG SHIN)
펴 낸 곳	대한기획인쇄
표지디자인 기획	YEONSEO YOON
등록번호	제302-1994-000048호
주 소	서울시 용산구 원효로 68
전 화	02)754-0765
팩 스	02)754-9873
이 메 일	cm9193@hanmail.net

값 18,000원

ISBN 979-11-85447-20-9 03370

표지사진 ⓒ 차용만 前 춘천 창천중 교장
저자사진 ⓒ CHEVVON

Copyright ⓒ 신미경(MEEKYUNG SHIN) 2025

이 책은 저작권법에 따라 보호받는 저작물이므로 무단전재와 무단복사를 금지하며 이 책 내용의 전부 또는 일부를 이용하려면 반드시 저작권자의 서면 동의를 받아야 합니다.

※ 잘못 만들어진 책은 구입하신 서점에서 교환해 드립니다.